homensinvisíveis

LEONENCIO NOSSA

homensinvisíveis

Edição e revisão de texto
NERI VITOR EICH

EDITORA RECORD
RIO DE JANEIRO • SÃO PAULO
2007

CIP-Brasil. Catalogação-na-fonte
Sindicato Nacional dos Editores de Livros, RJ.

Nossa, Leonencio
N785h   Homens invisíveis / Leonencio Nossa; edição e revisão Neri Vitor Eich. – Rio de Janeiro: Record, 2007.

ISBN 978-85-01-07486-7

1. Possuelo, Sydney – Expedições. 2. Amazônia – Descobertas e explorações. 3. Amazônia – Condições ambientais. 4. Índios do Brasil – Amazônia. I. Título.

06-4654

CDD – 918.11
CDU – 913(811)

Copyright © 2007, Leonencio Nossa

Projeto gráfico de capa e encarte: Necas
Fotos de capa e encarte: Leonencio Nossa / Agência Estado
Mapas: Renata Buono Design (www.renatabuonodesign.com.br)
Edição e revisão de texto: Neri Vitor Eich

Direitos exclusivos desta edição reservados pela
EDITORA RECORD LTDA.
Rua Argentina 171 – Rio de Janeiro, RJ – 20921-380 – Tel.: 2585-2000

Impresso no Brasil

ISBN 978-85-01-07486-7

PEDIDOS PELO REEMBOLSO POSTAL
Caixa Postal 23.052
Rio de Janeiro, RJ – 20922-970

EDITORA AFILIADA

"Entre os índios, o velho é o dono da história, o homem é o dono da aldeia, e a criança é a dona do mundo."

Orlando Villas Bôas, sertanista

Este livro narra uma viagem de três meses e meio pelo território de povos desconhecidos da Amazônia, nas terras altas do Vale do Javari, no Amazonas, na fronteira do Brasil com o Peru e a Colômbia. Vivem nessa área, que tem o tamanho de Portugal, 17 grupos sem contato com os não-índios, como a tribo dos flecheiros, guerreiros das nascentes dos rios Itaquaí, Jutaí e Jandiatuba. Uma expedição de 34 homens, comandada pelo sertanista Sydney Possuelo, andou a pé 273 quilômetros e navegou mais de mil para provar a existência dessa gente oculta, ameaçada por madeireiros, garimpeiros, ongs e religiosos. O grupo deveria mapear a terra dos isolados sem se aproximar deles e sem entrar nela. Um contato teria conseqüências imprevisíveis. Uma gripe é capaz de dizimar uma tribo em poucos dias. Ao mesmo tempo, todos sabiam que uma flecha mortal poderia partir do mato a qualquer instante. Há tempos os últimos nativos do Pacífico e da África foram mortos ou incorporados à "civilização". No Brasil, a prática é de só se fazer contato com isolados em caso extremo.

L.N.

1

Pegadas recentes marcam a trilha aberta na floresta pelo povo desconhecido. No sopé de um morro, uma espécie de portal de uns dois metros de altura, formado naturalmente por cipós e arbustos, divide dois mundos e dois tempos. Pela abertura nas folhagens entram nove homens com roupas encardidas e rasgadas, ofegantes, barba por fazer. É irresistível para cada um deles, na manhã iluminada da Amazônia, quase nos limites do Brasil com o Peru e a Colômbia, imaginar o que os espera além da galharia. Lá, pode existir uma América imersa no passado. Pelos relatos de ribeirinhos e índios "aculturados" conhecedores desta região, os donos da terra usam com destreza o arco e a flecha, daí serem chamados de flecheiros. É a única informação disponível sobre esta gente.

O pessoal está com as pernas feridas por espinhos, mosquitos e formigas-de-fogo — minúsculas, vermelhas e infernais. Apesar do cansaço acumulado de 19 dias de caminhada e 21 de navegação nos caudalosos rios amazônicos, as passadas continuam firmes. A ansiedade atenua a fome. Com a escassez de comida, a maioria perdeu cerca de cinco quilos cada um e a noção do perigo.

Os nove homens — mateiros, indigenistas e jornalistas — estão enfrentando a primeira emergência séria da viagem. Os guias-índios kanamari Makowana e Narean, chamados pelos brancos de Alfredo e Wilson, se separaram da expedição sem permissão do chefe, o sertanista Sydney Possuelo, e precisam ser localizados o mais rápido possível, pois correm risco de morte e de transmiti-la aos isolados.

O restante do grupo, 23 homens, está aguardando notícias à beira de um igarapé de pouco mais de um metro de largura — igarapé é um rio estreito, pelas medidas amazônicas, mas alguns chegam a 50 metros de largura. Os dois índios não podem estar longe. Eles deviam ter se desviado da trilha da expedição uns 20 minutos antes.

Possuelo explicara a todos que os isolados, para demarcarem seu território, deixam um galho de árvore atravessado no caminho. É um aviso. Dali você não pode passar.

— Os índios brasileiros costumam usar galhos para avisar sobre a proibição de visitas — advertira.

O sertanista ordenara a todos que não avançassem esse sinal. Proibira-os também de tentar qualquer tipo de contato com os flecheiros. Os dois kanamaris, no entanto, pegaram a picada aberta por essa gente desconhecida. A tribo dos flecheiros é uma das últimas comunidades acuadas pela civilização branca nas cabeceiras dos rios Itaquaí e Jutaí, no extremo oeste do Estado brasileiro do Amazonas, acima do Acre.

A dupla ia na retaguarda da expedição e não tinha como não perceber, pelos rastros, que os homens que iam à frente tinham se desviado para a direita, por outra trilha, ao verem um galho deixado pelos flecheiros. Mesmo assim, os dois entraram à esquerda, passando por cima do sinal, que estava alguns metros antes do portal de cipós e arbustos no sopé do morro.

Narean e Makowana não deram importância ao aviso. Eles pertencem a uma das tribos mais exploradas da Amazônia. No século XIX, o povo kanamari aceitou passivamente a chegada dos brancos e foi integrado a missões religiosas e a frentes de exploração de látex. Era como se tivessem se tornado, com o tempo, menos índios.

Condecorado pelas Nações Unidas como um "Herói do Mundo", Sydney Possuelo é um homem austero. Ninguém na expedição ousa contrariá-lo. Silencia pessoas com os olhos — bem abertos, atentos a tudo. Quando considera necessário, recorre a palavras ríspidas para manter o grupo sob controle. Ele comanda um total de 33 homens — ribeirinhos; índios matises, marubos e kanamaris; indigenistas e jornalistas (dois da revista *National Geographic* e eu, do jornal *O Estado de S.Paulo*). Tem de enfrentar todo tipo de desafios conduzindo do rio Itaquaí ao Jutaí esse grupo de pessoas de culturas distintas. As barreiras representadas pelo caráter e a índole de cada um são às vezes tão intransponíveis quanto os obstáculos da selva.

A sucessão de morros de vegetação fechada, as dificuldades da caminhada e os casos de malária deixam apreensivos os integrantes da expedição, que, sem o perceber, se tornam mais agressivos e menos tolerantes uns com os outros. Três casos da doença e duas suspeitas haviam sido registrados até o sumiço dos dois kanamaris.

Os objetivos da expedição são: dimensionar o território ocupado pelos isolados e buscar subsídios para ações preventivas contra a entrada de exploradores nas terras desses índios. Uma tarefa complexa, pois este território está dentro de uma área indígena já demarcada, onde é livre a circulação de outros índios que mantêm relações com os brancos.

Um contato inesperado com os isolados pode causar mortes de ambos os lados. Os integrantes da expedição correm o risco de ser flechados, e os índios desconhecidos, sem anticorpos, de ser contaminados mortalmente por uma gripe, por exemplo.

Sempre caminhando sob grandes árvores, o pessoal não vê o sol há duas semanas. Os homens sofreram um ataque de tracuás na noite anterior ao desaparecimento dos dois kanamaris. As formigas pretas invadiram os mosquiteiros e o chão da cozinha do acampamento.

Os homens da expedição, quando perceberam o sumiço de Narean e Makowana, ainda não haviam tomado o café-da-manhã nem consumido a porção de farofa e o pedaço de carne de macaco levados num saco plástico.

Era a única refeição prevista para o dia.

Com um metro e cinqüenta e cinco de altura, ombros largos e cabelo raspado, o índio Ivan Uaçá Matis, 22 anos, um dos guias na busca aos kanamaris, está cético quanto à sorte de Makowana e Narean:

— Morreram. Morreram mesmo.

HOMENS INVISÍVEIS

Antes de atravessar o portal, os homens à frente do grupo dos nove quase pisam numa poça vermelha, perto da galharia. Tensos, param. Um dos guias se aproxima e põe o dedo indicador da mão direita no líquido espalhado na terra úmida.

Alguns enxugam o suor do rosto com o chapéu de pano. Todas as cenas da viagem vêm à cabeça, em turbilhão. Por instantes, silêncio. O guia olha para os demais homens. Alívio: é urucum — a tintura feita com sementes da espécie vegetal uruçu, ou urucu, utilizada nas pinturas corporais de boa parte dos indígenas brasileiros.

Mas, em seguida, vem o sobressalto: não é necessário ter doutorado em antropologia para saber que é principalmente para a guerra que os índios costumam se pintar com urucum. Perto do portal, havia fios de cabelos pretos tingidos de urucum. Certamente, um flecheiro escalado para ficar de guarda aproveitara o tempo para pintar os cabelos e, ao ver chegarem os dois kanamaris com espingardas, correra para alertar os demais.

Abaixando-se e movendo-se lentamente, os nove homens passam pelo emaranhado de trepadeiras, seguindo os rastros dos dois kanamaris. Ouvem gritos e passos apressados. Chegam a pensar em voltar atrás, mas prosseguem. A mata fechada limita a visibilidade a dois metros. Neste ambiente, saber ouvir é mais importante que ver. Mas os homens, como se sentissem alguém à espreita, olham em todas as direções. Eles percebem à frente arbustos de uma tonalidade verde-clara, que se destaca do conjunto da mata. É o verde de uma grande plantação de mandioca e banana que começa onde parece terminar o caminho estreito e úmido.

— Aqui tem casa de flecheiro — avisa, ao ver a plantação, o guia Papumpa, ou Alcino, 20 anos, um dos dois índios da etnia marubo integrantes da expedição.

De repente, uma clareira por trás da roça dá luminosidade e uma dimensão maior ao lugar. A trilha corta a plantação. Seguir ou voltar? Os nove homens não param para responder a essa pergunta. Olhos e ouvidos bem abertos, todos continuam tensos. Seguram com força a espingarda, todos parecem pensar a mesma coisa: os isolados do Jutaí são chamados de flecheiros pelas comunidades ribeirinhas porque nunca erram o alvo.

Há um crânio fincado em um toco ao final da roça de mandioca e banana. Em seguida, outro. Antes que os apreensivos mateiros brancos sem experiência na selva perguntem, os matises informam tratar-se de crânios de macacos. Ali, uma bananeira com cacho quase maduro. Logo adiante, fogueiras.

Em volta do fogo principal, casas de palha de tamanhos variados, algumas com cobertura ainda verde. Uma aldeia ignorada pelos indigenistas acaba de ser encontrada.

— Flecheiro é perigoso, mata homem, mata mulher, mata criança — dissera uma índia kanamari no início da viagem.

Ao perceber a aproximação dos nove integrantes da expedição, os flecheiros tinham deixado a aldeia e corrido para o mato. À primeira vista, todas as malocas estão vazias. Só tiveram tempo de retirar as crianças, os velhos e as mulheres, levando com eles as redes. Sabemos que os guerreiros da tribo, ocultos na mata, continuam ali, bem perto. Vez ou outra, ouvimos que se movimentam.

Ao longo do tempo, essa tribo certamente desenvolvera uma estratégia eficiente de prevenção a ataques de estranhos, escon-

HOMENS INVISÍVEIS

dendo em poucos minutos um considerável número de pessoas e mobilizando os guerreiros.

Quando os nove homens entram na aldeia, há inúmeros potes de cerâmica espalhados por todo o terreiro. Muitos deles estão cheios de uma bebida fermentada, à base de mandioca; outros contêm frutos da floresta, como açaí, patauá e buriti.

Olhando o lugar, o marubo Papumpa enxerga um cenário com traços tão complexos quanto os da sua própria aldeia. Os marubos, índios de pele bem escura, não tão avermelhada quanto a dos matises e dos korubos, sempre se distinguiram pela capacidade de liderança. Têm, por exemplo, o controle da principal entidade representativa de índios no Vale do Javari: a organização não-governamental Civaja.

Papumpa vê cerâmicas tão bem-feitas quanto as das mulheres marubos mais habilidosas. As panelas e os potes produzidos por elas sempre foram famosos no Amazonas. Encontrar semelhanças entre as coisas dos marubos e as dos flecheiros não deve ser agradável para ele. Desde o início da viagem, Papumpa e outros guias chamavam os isolados de "brabos" e "perigosos" sempre que se referiam a eles, mas, uma vez dentro da aldeia, examinando tudo ao redor, acabam se concentrando na observação de pontos em comum entre os marubos, os matises e os flecheiros.

Ivan Arapá Matis e Biju Kanamari, dois dos nove homens designados para localizar Narean e Makowana, sobem a um tronco de samaúma tombado, atrás das malocas. Com as mãos em concha na boca para ampliar a voz, Biju grita:

— Parente! Devolve amigo nosso. Não mata, não! Kanamari é bom!

15

O apelo é feito em katukina, língua dos kanamaris, em pano, dos matises e marubos, em português e, por fim, numa mistura de sons difícil de se compreender. Biju repete o chamado, e nada. Nem barulho de galhos se ouve mais. Apenas alguns guinchos de macacos guaribas. Os homens desconhecidos não querem contato com desconhecidos.

Madô Kanamari decide subir ao tronco de samaúma para negociar com os isolados. Também sem sucesso. Os demais mateiros entram nas malocas da aldeia. Em uma delas, há marcas dos calçados dos dois kanamaris sumidos. As pegadas terminam justamente no centro da maloca.

O grupo embrenha-se por mais 50 metros na mata atrás das malocas, local de onde tinham vindo os gritos ouvidos assim que cruzara o portal de cipós e arbustos. A mata se torna ainda mais fechada, e os homens perdem completamente a visibilidade e o controle espacial. Quando percebem que os guerreiros estão ali, bem perto, retornam ao terreiro da aldeia.

Os nove homens voltam a examinar os rastros dos kanamaris. Ivan Uaçá entra na maloca em que terminam as pegadas. Um monte de palhas no chão chama a atenção dele. Ao afastar as palhas, o índio se assusta:

— É curare! — grita.

Em dois potes de barro, os isolados armazenavam o veneno líquido-cremoso feito à base de ervas e cipós. A presença dos potes intriga os indigenistas. O curare paralisa o corpo e causa ataque cardíaco. Nas caçadas, os índios o utilizam nas pontas das minúsculas flechas das zarabatanas. A carne nos jiraus pode ser de uma caçada. Mas também é possível que o curare seja parte dos preparativos de defesa dos isolados. Os índios sabem há uma semana da presença da expedição na área. Portanto, os nove homens estiveram — e estão agora — cercados de índios com zarabatanas. Como os rastros dos dois guias terminam dentro da maloca, os mateiros deduzem que ambos foram carregados — mortos ou dopados — pelos flecheiros para o interior da floresta, longe da aldeia.

Os mateiros não desistem e, novamente, sobem ao tronco tombado. Vale tentar mais uma vez um diálogo com os flecheiros. Mas, de novo, não há resposta.

A entrada na aldeia, camuflada pela mata, no divisor das águas dos rios Itaquaí e Jutaí, não fora planejada pelo comando da expedição. Ao contrário: os antropólogos e o governo brasileiro defendem a manutenção dos índios no seu isolamento natural. Por iniciativa de Possuelo, responsável pela área de isolados da Funai, no final dos anos 1980, as expedições passaram a ter não mais a finalidade de contato e sim a de fiscalização, monitoramento e demarcação do território efetivamente ocupado pelos índios. O contato passou a ser uma opção destes, não dos brancos. Os indigenistas querem saber os locais por onde os índios transitam, caçam e pescam — informações suficientes para comprovar sua existência.

Com 14 malocas de dois metros de altura e um e meio de comprimento, a aldeia dos flecheiros abriga uns 40 adultos e umas dez crianças. Dois tapiris são individuais, provavelmente usados por jovens solteiros. Em duas outras cabanas maiores há, nos troncos, marcas de sustentação de seis redes. O único objeto industrializado é uma velha garrafa de cerveja usada para quebrar coquinhos. Em algum momento, na avaliação de Possuelo, os desconhecidos da Amazônia tiveram contato com caboclos e com índios integrados ao mundo dos brancos. Mesmo as mais isoladas comunidades podem manter relações esporádicas com pessoas de outras etnias vivendo em outros estágios de interação racial.

Embora tenha mandado nove homens atrás dos dois kanamaris, Possuelo não imagina que os guias tenham tido a imprudência de passar por cima do galho que demarca o território proibido. Como os nove homens não retornaram ao igarapé onde estão os demais, o sertanista chama o líder dos mateiros, Valdeci Rios, o Soldado, homem da linha de frente da expedição, e vai atrás do grupo. Ao chegar à aldeia dos flecheiros, se desespera:

— Merda! Merda! Os kanamaris estão mortos! Aqui é a casa dos flecheiros!

Possuelo repreende os nove homens por terem entrado na aldeia. Um deles, o indigenista Paulo Welker, faz a defesa do grupo. Argumenta que o único objetivo, ao entrar em território proibido, fora o de encontrar Narean e Makowana.

Os jornalistas também enfrentam um dilema. O governo dera autorização para entrarem no Território Indígena do Vale do Javari, mas é difícil se sentirem bem pisando um lugar sem permissão dos donos. A tarefa dos profissionais de imprensa convidados pela Funai para esta expedição é, unicamente, acompanhar e registrar a viagem. Todas as decisões cabem a Possuelo.

Um isolado contrair doença de branco é um dos temores de Possuelo, pois, se isso acontecer, o grupo será obrigado a permanecer um longo tempo na mata para lhe dar assistência médica. É mudança brusca de planos e estratégias. Os isolados não têm anticorpos, e isso cria uma dificuldade adicional, pois um tratamento médico exige o contato, e este pode causar novas doenças.

O desespero do sertanista dá ao grupo consciência da dificuldade do momento. À sensação de pisar numa terra desconhecida soma-se agora um sentimento de consternação. A cara barbuda e a testa queimada de sol aumentam a dramaticidade da expressão de Possuelo. Ele passa a mão na cabeça, olha para o chão, para os lados. Por um longo tempo, fica calado. Ninguém arrisca chegar perto. O senhor com os olhos marejados conhece este cenário há 36 anos, perdeu homens em ações de defesa de índios isolados. Ele suspeita que esta aldeia dos flecheiros seja ligada a uma outra, vista em sobrevôos, com uma única e grande maloca arredondada, do outro lado do rio Jutaí. Na noite anterior, crianças e mulheres dos isolados teriam sido levadas para lá.

Alguns dos nove homens acreditam, no fundo, na capacidade dos dois kanamaris de sobreviverem a todo tipo de situação naquela selva. Mas não é bem assim. Antes de Narean e Makowana se incorporarem à expedição, as cabeceiras dos rios Itaquaí e Jutaí existiam apenas na imaginação dos dois. Antes de sumir na selva, a dupla já dava mostras de ter esquecido as histórias contadas pelos caciques e caçadores de suas aldeias sobre a agressividade dos flecheiros. Desde o início da fase terrestre da expedição, todos receberam alertas em relação aos perigos da selva, mas Narean e Makowana ignoraram e ironizaram os avisos.

— Tem flecheiro não, é tudo parente — dissera Narean várias vezes antes de sumirem.

E agora tudo para os integrantes da expedição — o inédito e a sensação fantástica de estarem num mundo do passado — perde importância diante da quase certeza de uma tragédia envolvendo os kanamaris. Imaginar mortos os dois é um drama. Os homens, irritados por causa da fome e do ataque ininterrupto de insetos, começam a se perguntar o motivo de estarem ali.

Possuelo pensa em encerrar a expedição e dedicar-se apenas a resolver o problema imediato. Manda a equipe montar um acampamento a alguns quilômetros da aldeia e recuperar os corpos dos dois mateiros kanamaris. Terminaria dessa forma a que deveria ser a mais longa expedição indigenista desde 1983 no Brasil.

Ao sair da aldeia, a equipe deixa panelas de alumínio perto do portal de cipó como forma de presentear os donos da casa e pedir-lhes desculpas pela invasão. Os matises falam sem parar sobre o que viram no local. Embora tenham visto o cenário rapidamente, gravaram tudo em suas mentes.

A caiçuma, lembram, não é o único requinte de fartura na aldeia dos flecheiros. O matis Ivan Arapá pensa nas carnes moqueadas nos jiraus acima das fogueiras. Cita pelo menos sete tipos de macacos vistos na brasa — barrigudo, guariba, preto, prego, cairara, soé e sorogogó —, além de porcos queixada e caititu, peixes, jacarés, tracajá, anta, preguiça, tucano, mutum, jacamim, jacu e quati. O matis recorda ainda as lagartas embrulhadas em folhas verdes, usadas pelos índios como iscas para pesca ou como alimento. Nas malocas, Arapá vira também um dente de cotia usado em zarabatana, contas de murumuru utilizadas em colares, envira retirada de árvores, cana, cestos, cipó mascado e remédio feito de ervas para "menino nascido". Havia ainda entre as construções uma jaula de madeira, vazia. No fundo da jaula, apenas cascas de ovos de tracajá, jacu e jacaré. Os

HOMENS INVISÍVEIS

flecheiros armazenavam pedaços de carne assada nos tetos das malocas, entre as palhas e as armações. Pela posição dos potes de barro e fogueiras, via-se que aquele povo dividia todos os frutos coletados na floresta, os bichos mortos com zarabatanas e as bebidas fabricadas pelas mulheres. Sobre um tronco tombado, havia nove máscaras feitas de cascas de árvore.

Dos guias índios da expedição, os matises eram os menos integrados ao mundo dos brancos. Ao lembrar das máscaras, Ivan Arapá fica pensativo, se cala. Hoje com cerca de 35 anos, um metro e sessenta e cinco, o índio só conhecera homem branco em 1976, aos nove anos. Diante dos indigenistas, os olhos eram de menino:

— Quando pai era brabo, irmão era brabo e eu era brabo, matis usava aquelas máscaras.

Arapá conta que tinha um metro de altura quando a Funai fez contato com sua gente. Tanto ele quanto os demais guias índios da expedição sabem por que os flecheiros vêem com maus olhos os integrantes do grupo, sabem que o contato com brancos tinha sido mortal para boa parte dos matises.

*

A viagem à Amazônia começa no início de junho de 2002. Dentro do avião na rota Manaus—Tefé—Tabatinga, minha impressão é a de estar num vôo para a Escandinávia. Mulheres e homens loiros e altos folheiam livros de antropologia e revistas de aventuras. A maioria segue para hotéis na selva, onde não faltam internet, ducha quente e lindos macaquinhos convenientemente sem dentes.

Quando o avião pousa na pista de Tabatinga, você não vê a cidade, parece que ali existe apenas uma clareira no meio da selva. À margem esquerda do rio Solimões e com temperaturas entre 25 e 32 graus, Tabatinga é um ponto de encontro de ribeirinhos do extremo oeste do estado do Amazonas com negociantes da capital, Manaus.

Daqui a dois dias, uma lancha parte para a base da Funai situada na confluência dos rios Itaquaí e Ituí, a quatro horas de barco a motor. Durante o tempo de espera em Tabatinga, aproveito para comprar algumas coisas que serão úteis na selva. Os melhores preços de redes, mosquiteiros de náilon e facas são encontrados no final da Avenida da Amizade, já na Colômbia, na cidade de Letícia, capital do Departamento do Amazonas.

Para prevenir ataques de surpresa da guerrilha, força dominante em áreas da região central da Colômbia, o governo deste país mantém um maior efetivo do Exército em Letícia, cidade do extremo sul mais próxima da fronteira com o Brasil. Mas a população das duas cidades parece não ter medo nem das Forças Armadas Revolucionárias da Colômbia (Farc) nem dos cartéis de drogas. A região é uma escala na rota de traficantes da Colômbia, do Sudeste do Brasil, da Europa e dos Estados Unidos.

Qualquer morador é capaz de apontar pequenos palácios no centro de Letícia construídos por traficantes. Algumas dessas casas estão vazias, porque os donos foram presos e enviados para Bogotá. É o caso da mansão de Evaristo Porras Ardila, considerado pela Interpol um dos maiores traficantes do mundo. Ele está detido na capital colombiana. Há alguns anos, Porras propôs a autoridades brasileiras pagar a dívida externa brasileira em troca de asilo e liberdade no Brasil.

Entre a Colômbia e o Brasil, a fronteira é aberta, como se não houvesse fronteira. O bar La Frontera divide os dois países, explica a comerciante colombiana Gloria Perera. A porta de um lado do bar fica na Colômbia; a do outro lado, no Brasil. Fregueses estão cada vez mais raros nas duas, reclama Gloria Perera. Faltam *plata* (dinheiro) e emprego na região. Os bares tocam música caribenha e brasileira.

Na avenida que liga as duas cidades, há um intenso tráfego de motos. À noite, em Tabatinga, onde não há postos de combustíveis, as margens de muitas ruas são tomadas por barracas de vendedores de gasolina. Em 1994, a implantação do real, moeda brasileira de mais valor que o peso colombiano, criou um novo tipo de comércio depois que o único posto de combustível de Tabatinga deixou de funcionar por não suportar a concorrência dos quatro postos do outro lado da fronteira. Agora, barracas improvisadas vendem em garrafas e litros de refrigerantes a gasolina comprada em Letícia.

— A gente espera os postos colombianos fecharem para vender gasolina aos motociclistas brasileiros. Eles ficam sem opção a partir de nove e meia da noite — diz o ambulante Agenor Lopes. Com a venda de 50 garrafas de gasolina por noite, Lopes fatura em média 15 reais.

Para quem não quiser atravessar a fronteira, uma alternativa é procurar a feira dos comerciantes peruanos. À margem do rio, o mercado oferece, por exemplo, bons mosquiteiros de rede ou barracas. Por 16 reais, compra-se um mosquiteiro para conter os piuns — os minúsculos borrachudos da floresta. Um protetor solar, por exemplo, vendido a 28 reais em Tabatinga, é encontrado por 12 reais na cidade colombiana. Camisa falsificada da Seleção

Brasileira de Futebol custa menos na feira dos peruanos, mas, no momento, é recomendável esquecer a Copa do Mundo. O protetor solar colombiano e o mosquiteiro peruano, sim, são necessários na mochila.

Em Tabatinga, aumenta minha ansiedade com a expectativa de entrar na selva. Enquanto a lancha da Funai não aporta na beira do Solimões, aproveito para ir ao reduto dos índios tikunas, na periferia da cidade. As comunidades indígenas estão a menos de 15 minutos de carro do centro de Tabatinga. Umariaçu e Umariaçu II nada diferem dos bairros pobres de outras cidades brasileiras. Esgoto a céu aberto, ruas sem calçamento, muitas igrejas evangélicas e casas sem reboco, meninos e meninas sem ter onde brincar. Lugares de extrema violência, informam taxistas e mototaxistas. Um dos casos mais conhecidos de violência contra os tikunas ocorreu em 1988, quando houve um massacre de 14 índios na região, e a Justiça não puniu os assassinos.

A etnia tikuna é a mais numerosa do Brasil, com 31 mil índios. No lado peruano, vivem 4.200 tikunas. No colombiano, 4.500.

Em 1959, esse povo despertou o interesse do antropólogo Roberto Cardoso de Oliveira pela posição geográfica de sua terra. "Eles se encontravam numa área de fronteira, e isso tornaria ainda mais complexas as relações entre índios e brancos, marcadas não apenas pela etnicidade, mas também pela nacionalidade", escreveu Cardoso de Oliveira num diário de viagem recuperado pelo pesquisador Joaquim Martinho, da Universidade de Campinas.

Uma forma de conhecer a riqueza da tribo tikuna, vítima de uma série de ataques de brancos ao longo do tempo, é conhecer

João Forte, um índio de 66 anos. Andando pelas ruas, subindo e descendo morros tomados pela lama, você chega ao local onde ele mora.

João Forte é o único artesão de Umariaçu. Sobrevive esculpindo em madeira miniaturas de navios, de botos e pirarucus e das tradicionais casas dos tikunas. Essas peças artesanais são vendidas em lojas para turistas em Letícia. Dentro das miniaturas das casas de palha e madeira, o índio coloca bonecos feitos de cipó com as vestimentas e máscaras usadas na antiga Festa da Moça Nova.

A menina da etnia tikuna, quando entra na fase adulta, fica algum tempo isolada da comunidade. Durante a fase de reclusão, apenas os pais têm acesso a ela. Passado esse período, a família chama os conhecidos e parentes de longe para comemorar, com muita bebida de mandioca, a nova etapa da vida da filha. Mulheres dão banho na garota e raspam seus cabelos. Os convidados se divertem dançando ao lado de gente com máscaras de onça, de capivara, de jacaré e de gênios da floresta amazônica.

João Forte leva até três meses para construir uma miniatura da casa de palha de caranã com a representação da Festa da Moça Nova. As personagens e cenas desse rito de passagem estão na memória do índio. As festas de sua época de menino, lembra, eram melhores, com mais bebida, comida e música.

— Eu queria ensinar isso tudo para meus filhos, mas eles preferem trabalhar como ajudantes de pedreiro na cidade — lamenta João Forte, na sala da sua casa, pequena, mas de tijolos e coberta com telhas.

Cândido Mariano Rondon (1865-1958), o mais famoso sertanista brasileiro, viveu quatro anos na região de Tabatinga. No distante março de 1934, Colômbia e Peru foram à guerra por Letícia. Uma comissão de representantes de vários países formada pela Liga das Nações se instalou na área e conseguiu interromper o conflito. Rondon foi designado presidente da comissão. À época, já era conhecido no mundo pela conquista do sertão e pelo trabalho de atração de índios. Anos antes, a Sociedade de Geografia de Nova York incluíra numa placa de ouro seu nome entre os cinco maiores desbravadores da História da Humanidade e o declarara o maior desbravador de terras tropicais. Os outros quatro nomes na placa de ouro eram Peary (desbravador do Pólo Norte), Amundsen (Pólo Sul), Charcot (terras árticas) e Byrd (terras antárticas).

O sertanista abriu uma estrada ligando Tabatinga a Letícia, substituiu tropas por polícia desarmada e abriu campo para o livre comércio na região. Ele sofreria com a falta de estrutura da área. Depois de quatro anos na região e tendo perdido a visão de um olho, atacado por glaucoma, o sertanista anunciou a assinatura de um acordo de paz entre peruanos e colombianos. Anos depois, as tropas com fuzis voltariam a Letícia. Um quartel passou a funcionar lá.

Rondon nasceu Cândido Mariano da Silva. Com a morte do pai, foi criado por um tio materno, Manoel Rondon, de quem adotaria o sobrenome, e por uma bisavó descendente de bororos. Na adolescência, se transferiu para o Rio de Janeiro, onde se formou no Colégio Militar. Fez fama pelo temperamento enérgico em relação aos subordinados e por escrever uma carta por dia à mulher, Chiquita, mesmo quando estava nos mais afastados acampamentos. Nos quartéis do Rio, o castigo mais temido pelos soldados era ser enviado para missões comandadas pelo sertanista.

Formado na filosofia positivista, Rondon acreditava no progresso contínuo do homem por meio da ciência. No século XIX, o criador do positivismo, o francês Auguste Comte, tinha como lema "O amor por princípio, a ordem por base, o progresso por fim", que inspirou os militares brasileiros instauradores da República. Às quatro da manhã de 15 de novembro de 1889, Rondon levou mensagem do Exército à Marinha pedindo apoio ao movimento pela deposição de D. Pedro II.

Desde o Império, um cabo telegráfico submarino ligava o Rio de Janeiro a Lisboa. O Centro-Oeste brasileiro, no entanto, estava totalmente sem comunicação com o litoral. Por isso, os republicanos decidiram construir uma linha em plena selva. Rondon comandaria milhares de brancos, caboclos e índios na implantação de um total de 5,5 mil quilômetros de cabos telegráficos, unindo o sul da Amazônia aos centros mais desenvolvidos do País. Pouco antes do final da missão, seria inventado o telégrafo sem fio. A obra de Rondon, porém, já marcara definitivamente o sertão. Em mais de 40 anos e percorrendo um total de 77 mil quilômetros, quase duas vezes o trajeto em volta da Terra, o sertanista aproximaria do mundo dos brancos um número considerável de grupos isolados, como os bororos, kadiwéus e terenas. A cada avanço do telégrafo, uma nova cidade era criada. Apesar da intenção de Rondon de proteger os índios, estava abrindo a porta da selva aos homens brancos.

Em cada acampamento ou aldeia na selva, Rondon mandava hastear a bandeira verde e amarela, com o lema positivista "Ordem e Progresso", e índios e caboclos tinham de cantar o hino do País. Um dos costumes de Rondon ao fazer contato com grupos isolados era o de ensiná-los a entender os ponteiros dos

LEONENCIO NOSSA

relógios mecânicos. Acreditava estar estimulando os índios a "progredirem".

*

Enfim, a lancha "voadeira" da Funai aporta no cais do Solimões. Minha viagem à terra dos povos desconhecidos começa sob chuva intensa. O aguaceiro é tão denso que não se vê o rio. São dez horas quando a embarcação deixa Tabatinga. O Solimões impressiona pela grandiosidade. Perto de Manaus, ele se junta ao Negro, e este encontro forma o rio Amazonas. Segundo o Instituto de Pesquisas da Amazônia, o Amazonas tem 17% de toda a água doce do planeta. Na foz, a largura do rio é de 320 quilômetros, e o volume de água chega a 300 metros cúbicos por segundo. A profundidade média é de 45 metros, e a máxima, de 100 metros.

A largura média do Amazonas é de 12 quilômetros, mas, em muitos trechos, chega a medir até 60 quilômetros de uma margem à outra. Possui mais de mil afluentes e é a maior fonte de desenvolvimento da vida da floresta amazônica.

Maior rio do mundo, o Amazonas supera em volume e extensão o Nilo, segundo cálculos das instituições National Geographic Society, Smithsonian Institution e Instituto de Pesquisas Espaciais de São José dos Campos, em São Paulo. O rio nasce com o nome de Apurimac, a 5,5 mil metros de altitude, no Nevado Mismi, nos Andes do sul do Peru. Depois, é denominado Ucayali, Solimões e, finalmente, Amazonas, quando se encontra com o Negro nas proximidades de Manaus.

Da região dos desertos de Atacama e Nazca à foz em Santarém, no Pará, o rio percorre 6.868 quilômetros, segundo o cálculo dos três institutos. O Nilo tem 6.695 quilômetros, brota no Burundi como rio Kagera, ganhando ainda os nomes de Nilo Vitória, Bahr el-Gebel, Bahr el-Ghazal, Sobat e Nilo Branco.

O Amazonas foi batizado, em 1541, por frei Gaspar de Carvajal, escrivão da expedição do tenente espanhol Francisco de Orellana. Aos 30 anos, o explorador navegou pelo rio Napo, a leste dos Andes, até alcançar a foz do Amazonas. Orellana buscava o "Eldorado", que na fantasia dos europeus era um paraíso situado no continente americano e abundante em ouro e todo tipo de riquezas.

Construída em plena selva, a embarcação de Orellana foi atacada por indígenas. Carvajal fala de supostas guerreiras na Amazônia. Cada uma delas, escreveu o religioso, valia na guerra o equivalente a dez índios. Na mitologia grega, as a-mazonas (sem seios) eram mulheres guerreiras que atrofiavam ou queimavam os seios para facilitar o uso do arco e da flecha. A história das amazonas de Carvajal e Orellana foi, na avaliação de historiadores, uma forma de dar brilho à derrota do explorador espanhol. Orellana voltou a navegar no Amazonas em 1546, mas acabou morrendo em um trecho do rio.

*

No município de Benjamin Constant, a 30 minutos de Tabatinga em barco motorizado, a lancha voadeira entra no rio Javari, afluente do Solimões. Javari é nome de uma espécie de palmeira comum na área. Em maio, as águas dos rios da Amazônia começam a baixar, impondo obstáculos à navegação. Os atalhos de água secam na floresta, reduzindo as alternativas dos pilotos. O período de cheia se inicia em dezembro. A bacia amazônica é uma das áreas mais chuvosas da Terra. Os índices pluviométricos chegam anualmente a mais de 2 mil milímetros; em certas regiões ultrapassam 10 mil milímetros. Com as chuvas, as águas sobem de 10 a 18 metros. Em boa parte do ano, 700 mil quilômetros quadrados da planície amazônica ficam submersos.

A floresta cobre as duas margens do Solimões. À direita, é território peruano, à esquerda, brasileiro. Irlânia, no Peru, é a primeira povoação desde a saída de Tabatinga. Uma serraria funciona em ritmo acelerado na margem peruana.

Daí para a frente, todos os lugarejos às margens do Solimões, do Javari e do Itaquaí — rios do percurso até a base da Funai — se repetem no modelo das casas. Os ribeirinhos vivem em palafitas de tábuas e folhas de palmeiras, na parte mais rasa do rio.

São João, São Gabriel, São Rafael e Ladário. Os lugares remetem a nomes de santos. Mas não apenas isso: a primeira comunidade à beira do Itaquaí vista no percurso chama-se Contrabando. Os canoeiros e barqueiros do Solimões navegam armados com revólver calibre 38 na cintura e uma espingarda no chão da embarcação.

Em São Rafael, só há um aparelho de televisão — na casa do presidente da comunidade. Quando o presidente deixa o cargo, passa o aparelho para o sucessor. A TV é ligada com a energia do motor comunitário, e todos podem assistir à programação. O motor funciona até as 22 horas. Depois, só luz de querosene e velas.

A maioria dos ribeirinhos é católica, mas nenhum santo é tão venerado nessas comunidades como o antigo pastor evangélico Irmão José Francisco da Cruz. Ele era alto, rosto esquálido, barba escura até o peito e com cabelos apenas na parte inferior da cabeça. Dizia ter nascido em Minas Gerais em 1913 e vivido boa parte da vida no Peru. Como outros mitos brasileiros, o pastor vestia um camisolão branco com uma cruz azul bordada na frente. Ele desceu o Alto Peru pelos afluentes do Javari e atuou na evangelização dos povos da Amazônia entre 1960 e início de 1980, ano de sua morte.

Na proa de pequenos barcos, Irmão José passou por Benjamin Constant, Atalaia do Norte, Tabatinga e outras cidades do extremo oeste do Amazonas, pregando o evangelho, "a lei". Numa dessas cenas fantásticas criadas na mente da gente da Amazônia, a embarcação do missionário navegava pelo Solimões abarrotada de deficientes físicos, doentes, velhos, crianças, índios e desempregados, pessoas fascinadas pelas palavras daquele homem. Era só a embarcação atracar no porto de um seringal para os trabalhadores largarem as plantações e acompanharem o religioso.

Como marca de sua passagem, Irmão José deixava uma cruz de madeira no centro do povoado e distribuía pequenos crucifixos aos fiéis. O cruzeiro de Atalaia do Norte foi feito de maçaranduba e matamatá, com seis metros de altura e, como dizem os moradores, vinte palmos na parte onde Cristo esticou os braços.

O índio tikuna Adelson Pereira Brás, contratado para atuar como piloto da expedição de Possuelo, diz que foi um dos convertidos por Irmão José. O piloto conta que, quando teve problemas com a bebida, foi aconselhado por parentes a procurar o missionário. Ao chegar em Juí, distrito de Santo Antônio de Içá, sede da missão do pastor, o tikuna teve de ouvir severa advertência do religioso. Irmão José fez imposições antes de aceitá-lo no grupo.

— Ele contou todos os meus erros, sabia de tudo — diz o piloto.

Em uma canoa com apenas uma trouxa de roupas e um saco de sal, Adelson passou um mês isolado em um dos igarapés da região e sem usar bebida alcoólica, por ordem de Irmão José. Ao voltar, foi aceito pela comunidade evangélica. Adelson ainda guarda uma pequena cruz que ganhou do religioso.

Os pais do mateiro Valdeci Rios, ribeirinho do Itaquaí, também contratado para participar da viagem indigenista, acreditaram nas palavras do missionário.

— Eu e meus irmãos ainda pedimos aos velhos para não deixarem a gente, mas eles foram atrás, pois Irmão José estava falando a verdade — afirma Rios.

O mateiro chegou a ir à comunidade formada pelo missionário em Juí. À época, tinha 19 anos. Trabalhava — "mandava em mim mesmo" — e bebia.

— Irmão José não tolerava álcool, festa e cigarro — conta.

Raimundo Lima, outro mateiro da expedição, ouviu muitas histórias sobre o religioso contadas pelos pais e tios. Lima assegura que a imagem de Irmão José só aparecia nas fotos quando ele autorizava o fotógrafo.

— Nem adiantava tirar fotografia dele sem o seu consentimento. Não saía no negativo. Irmão José caminhava com uma multidão pela lama; a lama cobria até os joelhos das pessoas, mas ele era o único a não sujar as sandálias.

*

As conversas com as pessoas da região vão além da fé e da religião. Logo se percebe a insatisfação dos moradores dessas comunidades com o fato de o governo ter fechado aos brancos, em 1996, o acesso aos rios Ituí e Itaquaí, delimitando o Território Indígena do Vale do Javari, uma área de 85 mil quilômetros quadrados onde vivem várias etnias indígenas.

Os ribeirinhos reclamam que o governo deu terra demais aos índios, tirando dos brancos a possibilidade de pescar em locais de uso tradicional. Décadas antes, o mesmo governo incentivara parcela significativa da população de origem nordestina a se instalar na região. Os empresários e autoridades consideram a demarcação da reserva um tiro na economia dos municípios, dependente da extração de madeira.

As comunidades vêem com hostilidade os indigenistas. A prisão de quem tentou caçar ou pescar ilegalmente na terra demarcada ganha grande dimensão nos relatos dos ribeirinhos do Itaquaí. Mesmo assim, scis moradores da região são chamados pelo comando da nossa expedição para atuarem como mateiros na viagem. A relação dos ribeirinhos com os índios-guias é imprevisível.

À espera de passageiros no porto de Benjamin Constant, um barqueiro do Solimões, João Carlos Pereira, menciona vários casos de madeireiros de Atalaia do Norte falidos após a criação da área indígena.

— Isso aqui era uma maravilha, você via toras e mais toras descendo o rio — afirma.

Pereira critica "um tal de Sydney Possuelo".

— Esse sujeito fechou a entrada dos rios para os brancos — diz.

O barqueiro conta histórias de amigos madeireiros atacados por flecheiros ao cortarem madeira no igarapé São José ou no Itaquaí.

— Os flecheiros são diferentes dos korubos, não têm medo de espingarda. Antes da demarcação, morria um civilizado e depois morria um índio. Agora, só nasce flecheiro; não amansa nunca mais.

E mais casas de pau e palha com alicerces fincados na margem do rio surgem no caminho até a base da Funai. O povoado de Contrabando tem 34 palafitas, onde moram pescadores e agricultores. As plantações de mandioca e banana se estendem entre o rio e o início da floresta.

Mulheres e crianças aproveitam a época para plantar feijão e melancia nas praias em formação com a baixa das águas do rio. Os homens, nesse período, costumam deixar suas comunidades em busca de trabalho temporário nas frentes ilegais de corte de madeira e nas cidades.

Não é tarefa complicada medir a baixa do Itaquaí. Basta ver a parte da vegetação encoberta pela lama. O rio baixou pelo menos 40 centímetros nas últimas duas semanas.

Há três tipos de rios na Amazônia. Nos cursos de água branca ou barrenta, como o Solimões, o Amazonas e o Madeira, a quantidade de peixes é maior. Nesses, a visibilidade é de no máximo 50 centímetros. Com menos fartura por causa da acidez e da falta de nutrientes, os rios de água preta, como o Negro e o Urubu, têm uma visibilidade em torno de 1,5 a 2,5 metros. E em rios como o Tapajós, de água clara, enxerga-se a uma profundidade superior a 4 metros.

Segundo dados do Instituto Nacional de Pesquisas da Amazônia (Inpa), em ecossistema de floresta tropical 25% da água evaporam, 50% são transpirados, e 25% escoam para os rios. Calcula-se que existam 30 milhões de espécies de insetos nas florestas pluviais do mundo. Europeus em viagens pela Amazônia descreveram imaginários insetos gigantes. Comprovadamente, o maior besouro da região chega a 20 centímetros. Moscas atingem 5 centímetros, percevejos, 10 centímetros, mariposas, 30 centímetros, e vespas, 7 centímetros.

Existem na Amazônia cerca de 5 mil espécies de árvores com diâmetro variando de 15 centímetros a mais de 5 metros, como a samaúma. Na América do Norte, são apenas 650. A diversidade de árvores na Amazônia varia de 40 a 300 espécies por hectare.

*

Nas proximidades de São Gabriel, depois de 2 horas e 45 minutos de viagem, a chuva diminui. Com o sol, a mata fica mais clara, e o verde das árvores das margens apresenta novas tonalidades. Mais uma hora e meia de navegação, e a lancha aporta na base da Funai em Atalaia do Norte.

A localização da base é estratégica. No encontro entre o Itaquaí e o Ituí, o posto é a principal barreira à entrada de explo-

radores. Sinais do fim da farra de pescadores, madeireiros e caçadores na área fechada aos brancos, do tamanho de Portugal, é
visível das varandas da grande casa de madeira utilizada pelos
indigenistas. Os botos cor-de-rosa e cinza escolhem o trecho do
Itaquaí logo em frente à base para se acasalar. O boto cor-de-
rosa é considerado o maior predador das águas da Amazônia:
devora de quatro a cinco quilos de peixes diariamente.

Quando a lancha aporta na base da Funai, um grupo de índios matises corre para a beira do ancoradouro flutuante. Os
índios, com espinhos e farpas de osso espetados no rosto imitando bigodes de onça, ajudam a descarregar os mantimentos e
equipamentos. Eles estão integrados à expedição e passarão mais
de três meses na floresta com os indigenistas, mateiros ribeirinhos e jornalistas. Parece não incomodá-los nem o mormaço
nem os espinhos e farpas fincados na pele da cara.

— O semblante deles é sempre sereno. Têm tendência a serem risonhos. Riem de qualquer coisa, gostam de brincar — comenta Sydney Possuelo, com uma expressão que revela seu afeto
pelos índios.

Com uma bermuda rasgada, um colete sem botões e um
chapéu tipo safári, Possuelo se aproxima do flutuante gesticu-
lando, animado, dando-me boas-vindas.

Os índios, porém, não se manifestam. Eles são assim. O silêncio é uma atitude respeitosa diante de quem chega, explica
Possuelo.

Os guias e intérpretes tinham sido recrutados por Possuelo
nas tribos do Vale do Javari. Os líderes das aldeias dos índios
marubos, kanamaris e matises aceitaram mandar homens para
o caso de a expedição topar com isolados. Os índios atuariam

HOMENS INVISÍVEIS

ainda como mateiros por conhecerem os bichos e plantas da selva. Além desses três povos, vivem na região, em contato regular com os brancos, os kulinas e os mayorunas.

A etnia dos marubos é a mais populosa do Vale do Javari, com 1.200 índios. Como a aldeia deles está enfrentando um surto de sarampo, só enviaram dois homens para participarem da expedição: Pekumpa e Papumpa.

*

O primeiro contato dos marubos com os brancos deu-se por volta de 1870. Nessa época, os índios entraram na leva de trabalhadores contratados para atuar nos seringais. Na segunda década do século seguinte, com a bancarrota dos barões da borracha, os marubos voltaram a viver longe dos brancos, dos quais só se aproximariam novamente nos anos 1950, com o início do ciclo de exploração de madeira. Esse processo passou como um vendaval nas comunidades marubos, mas não foi suficiente para extinguir a tradição. Persiste, por exemplo, o costume de um marubo poder se casar com mais de uma mulher. A prática resistiu ao rigor dos padres católicos que chegaram à região com os madeireiros. O catolicismo, no entanto, alterou um rito importante desses índios. A tribo passou a enterrar seus mortos. Os mais velhos costumavam cremar os corpos dos adultos mortos e misturar as cinzas ao mingau, mas isso não acontecia com os bebês que morriam. Os corpos das crianças de colo eram enterrados junto às árvores. Antes, os marubos acreditavam na idéia de que o morto permanecia entre os parentes e amigos.

Os índios da expedição, por exemplo, tinham perdido avós, tios, pais e irmãos durante o processo de contato com o homem branco. O intérprete Pekumpa Marubo, agora com 29 anos, morador de uma aldeia em Rio Novo, perto do rio Ituí, ajudou, quando menino, o pai a cortar cedros e jacareúbas para madeireiros de Atalaia do Norte. Nesse trabalho, o pai foi picado por uma jararaca e morreu.

Também a história vivida pelo índio Damã Matis, com aparência de 30 anos, é marcada por mortes.

— Pai morreu de febre, mãe morreu de febre — conta, dizendo que as doenças foram trazidas pelos brancos. Ele ainda se lembra dos primeiros contatos com o grupo do sertanista Pedro Coelho, nos anos 1960.

Damã Matis tem uma expressão triste. Mas a maioria dos índios de sua tribo, embora tenha enfrentado dramas semelhantes, é alegre e ri por qualquer coisa.

Os matises usam brincos redondos, feitos de caramujos colados com cera de abelha a um graveto espetado em cada orelha. Nas faces, eles cravam espinhos de jarina — uma palmeira da região. Seis farpas de pau e um semicírculo de madeira ou osso no nariz e uma tatuagem de tinta de árvore completam o visual. Antropólogos dizem ser este um tipo de ornamento único nas Américas. As mulheres matises só perfuram as orelhas e a parte inferior do corpo.

O índio Ivan Uaçá explica que a cara imitando felinos "é para assustar quem é de fora e os outros índios do mato". Uaçá, como o amigo Damã, perdeu o pai e um irmão na década de 1980 em decorrência de doenças de brancos.

— Quando teve contato, pai pegou a doença de branco. Contato com branco foi ruim, ficou pouquinha gente — diz Uaçá.

Madeireiros e garimpeiros transformaram a região da aldeia do índio Uaçá em um faroeste — o branco no papel de caubói, e o índio tombando.

Na expedição, Ivan Uaçá vai atuar como intérprete pelo fato de a língua dos matises ter semelhanças com a de povos isolados, como os korubos. Uaçá é filho de pai korubo e mãe matis. Quando criança, o pai fora raptado por matises que atacaram sua aldeia e levaram mulheres e crianças.

Até os anos 1970, os matises, cerca de mil índios, não tinham contatos regulares com os brancos. Poucos anos depois, chegaram os indigenistas da Funai e as doenças, e em seguida os madeireiros. Quando os indigenistas se foram, os matises, sem qualquer assistência médica, quase desapareceram, vítimas de doenças que nas cidades são consideradas simples.

Em junho de 2002, os matises são apenas 216 indivíduos. E chegaram a ter somente metade desse número. Com o fechamento dos acessos aos rios Ituí e Itaquaí, pelo governo, em 1996, a comunidade voltou a crescer. As crianças menores de 11 anos representam 51% da população matis.

A presença de brancos alterou a vida dos matises a ponto de eles deixarem de enfeitar o rosto. Mais recentemente, um lento trabalho de indigenistas devolveu aos índios o orgulho, e eles deixaram de ter vergonha de usar ornamentos na face. Possuelo, por exemplo, mostrara-lhes fotografias de roqueiros com *piercing* na língua e no nariz e tatuagens pelo corpo.

Nas festas de perfuração, os maruins — homens da aldeia com máscaras de barro, roupas de palha e chicote — correm atrás de crianças e adolescentes. As lambadas servem para acabar com a preguiça e dar força aos meninos. Os índios, ao contrário da versão difundida pelos primeiros colonizadores, abominam a preguiça. Eles a associam à morte e aos males da floresta.

Fazem parte da lista inicial dos integrantes da expedição 12 matises — Tiemã, Ivan Uaçá, Ivan Arapá, Tiamin, Kuinin Xumarapá, Kuinin Bontac, Kuinin Marubo, Binã Menã, Binã Maxupá, Makã, Damã e Tepi — e os marubos Papumpa, ou Alcino, e Pekumpa Waxekamã, ou Adelino. Nos primeiros dias de subida do Itaquaí, outros dois índios, Makã II e Makiturú, dariam apoio à expedição.

Sydney Possuelo teria ajuda também do indigenista gaúcho descendente de alemães Paulo Welker, de cabelos compridos e um carregado sotaque sulista. Welker levava na bagagem saquinhos com pó de guaraná e ervas amazônicas que distribuía aos companheiros de caminhada. Oficial da Aeronáutica, ele caíra no mundo indígena literalmente de pára-quedas. Durante um salto de treinamento nas proximidades de Manaus, vira, ao longe, as malocas pela primeira vez e ficara fascinado.

A partir daí, deixa a Aeronáutica e começa a trabalhar na Opan (Operação Padre Anchieta), uma organização não-governamental atuante na área indígena. Depois de leituras e das primeiras experiências com comunidades nativas, vai a Brasília conhecer Sydney Possuelo. O sertanista o convida para atuar na Frente Madeirinha, em Mato Grosso, de onde é transferido para o Amazonas. Responde hoje pela Frente do Vale do Javari. É recém-casado com uma comerciante colombiana de Letícia. Ainda no Rio Grande do Sul, ele teve — com a primeira mulher — uma filha que hoje está com 11 anos.

Um filho de Possuelo, Orlando, de 17 anos, acompanha o pai na expedição. Orlando deixara temporariamente um colégio de segundo grau de Brasília.

— Muitos não entendem meu pai, mas eu entendo. Ele tem um jeito difícil, porque é preciso. Se não fosse duro, nada disso existiria.

Na implantação do Território Indígena do Vale do Javari, Possuelo chegou a enfrentar cerca de 300 homens armados com coquetéis molotov e espingardas, muitos deles bêbados. O grupo, patrocinado por madeireiros da região, estava encarregado de destruir a base da Funai em construção na confluência dos rios Ituí e Itaquaí. Quando os homens estavam se aproximando, Possuelo antecipou-se e, de lancha, foi sozinho ao encontro do barco em que estavam. Enquanto isso, funcionários da base da Funai chamavam pelo rádio a Polícia Federal. Quando chegaram o delegado Mauro Spósito e alguns agentes, o sertanista estava numa enrascada: tentava expulsar os 300 homens aos gritos. A muito custo, Spósito conseguiu iniciar uma tensa negociação. A sorte foi que o barco dos invasores estava precisando de combustível. O delegado, então, teve que negociar com um enraivecido Possuelo a solução que acertara com os invasores: fornecer-lhes combustível para deixarem a área.

*

O dia amanhece nublado em Atalaia do Norte. Os quatro barcos da expedição — *Etno*, o maior deles, *Waiká, Kukahã* e

Sobral, o menor — estão amarrados ao ancoradouro da base da Funai. No *Waiká*, todo de madeira, há um camarote reservado a Sydney Possuelo. Com casco de lâminas de aço e dois quartos, o *Etno* abriga os jornalistas. Os mateiros estão distribuídos em todos os barcos e se acomodam em redes armadas no convés.

O nome *Sobral*, ou *Sobralzinho*, é uma homenagem a um ex-funcionário da Funai, o cearense Raimundo Batista Magalhães, morto a bordunadas pelos korubos ao fazer uma inspeção na aldeia deles, em agosto de 1997. A borduna usada pelos índios está na Funai em Brasília.

O mateiro mais experiente da expedição é Valdeci Rios, 43 anos. Estatura de um metro e sessenta e cinco, rosto fino e alongado, bigode e cabelos pretos, lisos e curtos, todos o chamam de Soldado, apelido que ganhou depois de fugir do quartel em que prestava o serviço militar em Tabatinga.

Entre os participantes da viagem estão também Odair Rios e José Bezerra — respectivamente filho e genro de Soldado —, Amarildo Costas Oliveiras, o Pelado, José Francisco e Francisco Bezerra, o Chico, irmão de José Bezerra. Para se integrar à expedição, Chico, de 19 anos, esperara o pai ir pescar e fugira. Só pedira a bênção à mãe.

Para a cozinha, foram contratados Mauro Gomes Fortes, 42 anos, e Paulo de Souza Ribeiro, 23, também desligados do Exército. O piloto de barco Pedro Lima leva um irmão, o mateiro Raimundo.

Pedro só participaria da primeira fase da expedição, assim como os pilotos Adelson Pereira Brás e Danilo Rodrigues da

Silva e o indigenista Antônio Melo. Nenhuma mulher viaja conosco.

— Vai fazer falta — brinca um dos mateiros.

O segundo jogo da Seleção Brasileira na Copa do Mundo de Futebol, contra a China, atrasa a saída da expedição. Um televisor na sala de refeições da base desperta a atenção de índios e ribeirinhos. Nenhum dos quatro gols do time brasileiro é comemorado pelos matises e marubos. Do início ao fim do jogo, os índios permanecem em silêncio, embora sem sair da frente do aparelho. Os ribeirinhos são discretos e evitam gritos eufóricos.

Logo após o jogo, precisamente às 8h50, os motores dos barcos são ligados. O *Etno* sai na frente, numa velocidade média de 7 quilômetros por hora. É o primeiro a ter problemas mecânicos. Menos de uma hora depois da saída, o motor falha. Sydney Possuelo pede ajuda pelo rádio aos funcionários da Funai em Tabatinga. Um mecânico do município de Benjamin Constant é contatado por telefone para resolver o problema. O técnico viria de lancha e levaria pelo menos dois dias para chegar. À espera de socorro, os pilotos experimentam utilizar um motor reserva do *Kukahã*, embarcação menor.

O *Etno* volta a navegar, porém lento — a 3 quilômetros por hora. Por volta de 14h, os tripulantes descem aos refeitórios dos barcos para almoçar. Preparar comida em quantidade é experiência que os cozinheiros Mauro Gomes Fortes e Paulo Souza adquiriram no quartel do Exército em Tabatinga. Fortes participara de uma expedição indigenista no ano anterior.

Os barcos *Etno*, *Kukahã* e *Waiká* têm banheiro com ducha, usada mais de noite. De dia, o pessoal prefere tomar banho na popa, usando baldes de água. Os guias ribeirinhos aproveitam para mergulhar no rio. Os índios são mais cautelosos, por causa das sucuris e arraias gigantes, e refrescam-se com a água dos baldes.

Na tarde do primeiro dia de expedição, um costume dos povos de língua pano é seguido à risca pelos marubos e matises. Os índios se banham de frente para onde o rio nasce. Pela tradição, esses povos constroem suas casas com a porta principal voltada para lá. É a direção da vida.

Os marubos acreditam terem surgido na beira de um rio mítico afluente do Amazonas. Eles foram evoluindo, aprendendo a viver, ao subirem as águas sagradas. Cada passo, uma lição: por que o casamento entre irmãos é um mal, como dar nomes às pessoas, como preparar a pupunha, como ter relações sexuais e como fazer um parto.

Às 23h, as embarcações encostam na margem esquerda do Itaquaí. É arriscado navegar à noite por um rio cheio de galhos e troncos. O curso baixara cerca de um metro em duas semanas. Em meio a mariposas atraídas pelas lâmpadas do barco, Possuelo encerrou o dia de trabalho distribuindo aos guias sacolas, calçados, chapéus, camisas e calças camufladas.

Possuelo, 62 anos, mesmo aposentado como sertanista do governo desde 1997, não abandonara a vida na selva. Essa atividade projetara, além de Rondon, personalidades como os irmãos Orlando, Leonardo, Cláudio e Álvaro Villas Bôas, este com trabalhos mais burocráticos.

— O sertão está ficando cada vez menor, pois cerca de 18% da Amazônia foram destruídos. Estamos acabando juntos,

HOMENS INVISÍVEIS

sertão e sertanistas — afirma Possuelo, no convés do barco *Wai-ká*, numa noite de muito calor e mosquitos.

Para ser reconhecido como sertanista, o profissional deve ter mais de dez anos de trabalho na Funai (cinco na Amazônia), segundo grau completo e curso técnico de indigenista. E aceitar viver a maior parte do ano longe da cidade e da família, com salário-base de 1.800 reais.

Afastando com as mãos os mosquitos e as mariposas, o sertanista conta ter se apaixonado primeiro pela aventura e depois pelos índios. Filho do ator de teatro e circo espanhol José Gimenez e da mineira Celina Matutina Ferreira, Possuelo revela não ter com os seis filhos de três casamentos a paciência que tem com os índios.

Foi durante uma temporada de sua companhia teatral que José Gimenez conheceu Celina, moça de tradicional família do município mineiro de Santos Dumont. O pai garantiu o casamento da filha com Gimenez chamando o delegado de polícia.

Celina se separou do marido. As crianças Sydney e Maria Antônia ficaram na casa dos avós maternos, em Santos Dumont. O pai também saíra da cidade. Anos depois, Gimenez voltara, e Sydney tivera a oportunidade de acompanhá-lo em uma turnê pelo Nordeste do País. O garoto fez amigos em Juazeiro e Petrolina, às margens do São Francisco. Passava o dia brincando nas águas do rio. A trupe de José Gimenez, apresentando-se nas cidades médias do interior e capitais, era sucesso.

Com a concorrência do rádio e da televisão, os artistas da companhia mambembe tiveram de viajar para lugares cada vez mais distantes, em busca de público.

Sydney Possuelo guardaria com nitidez a imagem do pai decadente, sem o colorido dos figurinos e dos palcos montados em efervescentes cidades às margens do São Francisco. Gimenez morreria em um circo medíocre, em Niterói, no Rio de Janeiro, em 1956.

Aos 17 anos, Possuelo deixou o Rio de Janeiro, onde morava com parentes, e seguiu para São Paulo atrás de Orlando Villas Bôas, personagem de sensacionais reportagens da revista *O Cruzeiro*. As fotos feitas pelo francês Jean Manzon e os textos de David Nasser sobre Villas Bôas mostravam um homem de brio e destemor, um desafiante da selva.

Ao bater pela primeira vez à porta da casa de Orlando, Possuelo não teve sucesso. O sertanista estava em Mato Grosso, onde, em 1961, o Parque Nacional do Xingu, idealizado por Rondon, fora criado pelo governo do então presidente Jânio Quadros.

Ainda em São Paulo, Possuelo conheceu uma parente de Orlando. Com a ajuda dela, teve finalmente dois contatos com ele: um, antes de completar 18 anos e entrar no Exército; outro, um ano depois, ao sair.

Possuelo acabou participando de várias expedições do sertanista e, em 1971, Orlando decidiu nomeá-lo primeiro diretor do parque. Lá, chegou a ficar 13 meses isolado, sem contato com a família e os amigos. Aprendeu a estar só. Quando voltava à cidade, era chamado de "Xingu".

Nunca saiu de sua memória o encontro inicial com os índios. Por um erro do piloto, o avião em que chegara ao Posto Capitão Vasconcelos, no interior do parque onde estavam os

Villas Bôas, pousara fora da pista, num lamaçal. Com o solavanco, a carga fora lançada para cima de Possuelo. O cabo de aço com que um grupo de homens tentou puxar o avião acabou prendendo a mão de um sargento e arrancando-lhe um dedo, que caiu no peito de Possuelo. O aprendiz de sertanista correu para buscar socorro, tropeçou e enfiou o rosto na lama. Nesse instante, viu ao seu redor um grupo de índios dando risada.

Em outra ocasião, teve de tratar uma índia waurá com problemas no parto. Ela chegara ao posto da administração do parque em uma rede carregada por dois filhos, um de 16 anos e outro de 20. O bebê, morto, estava com uma das mãos para fora. Possuelo e a mulher, Terezinha, tentaram ajeitar a criança para retirá-la do ventre da mãe. Só na tarde do dia seguinte conseguiram remover o cadáver com uma cureta.

Num avião do Correio Aéreo Nacional, Possuelo levou a índia para Goiânia. Foram em dois hospitais e não conseguiram vaga. Já no terceiro hospital, Possuelo e um funcionário da Funai colocaram a índia numa maca e invadiram com ela o pronto-socorro, sob protestos dos enfermeiros. Os seguranças o alcançaram no corredor. Possuelo puxou um revólver calibre 38.

— Calma, vamos conversar! — gritou um médico.

— Eu não quero conversar merda nenhuma! — reagiu o sertanista, espumando.

A índia foi atendida e retornou dias depois ao Xingu.

Possuelo lembra outro momento difícil vivido na selva. Foi um conflito envolvendo posseiros, nos anos 1970, em Piaruçu, ao norte do Parque do Xingu. Índios txucarramães, jurunas, cajabis e suiás haviam destruído carros e invadido casas do povoado onde cerca de 70 brancos viviam. O povoado fica entre a BR-080 e o rio Xingu. Os índios queriam a terra. Às nove da noite, todas as luzes do povoado já estavam apagadas. Um colono aponta um revólver para o rosto de Possuelo, então auxiliar do sertanista Cláudio Villas Bôas, irmão de Orlando. Com o cano da arma, quebra vários dentes de Possuelo. Cláudio chega, ordena ao homem que abaixe a arma. Ele obedece, mas Possuelo e seu grupo são feitos prisioneiros.

— Vou morrer, vão me matar — pensou.

Na manhã seguinte, foram resgatados por 200 índios da tribo do cacique Raoni.

Ao repórter e escritor Edilson Martins, Cláudio disse à época: "Num conflito entre civilizados e índios, estou sempre com os índios."

Das histórias vividas ao lado de Cláudio, Possuelo recorda da construção de um "palácio" pelo sertanista no Xingu. Cláudio levantara um galinheiro para proteger as galinhas de morcegos hematófagos. A obra ficou tão boa, na avaliação do sertanista, que decidiu morar ele próprio no galinheiro: "Tá bom demais para galinha." E morou ali até deixar o Xingu, nos anos 1970, quando se aposentou.

Poucos dias depois da entrada na mata e do início da segunda fase da expedição, Possuelo está tenso. É assim em todas as expedições que organiza. Um detalhe esquecido pode levar o sujeito, segundo ele, a se arrepender para o resto da vida. Entrou na selva, não tem mais jeito, não adianta voltar atrás, improvisar.

À medida que os barcos avançam, Possuelo vai contando histórias de massacres de índios das Américas pelos brancos, e isso o deixa mais agitado. Ao falar da conquista do sertão, é como se estivesse frente a frente com os exploradores europeus no momento das chacinas. Descreve o drama dos incas, dos milhares de índios violentados ao longo do rio Amazonas, das mulheres índias roubadas, das aldeias saqueadas e privadas de alimentos, dos ataques de madeireiros armados, dez ou vinte anos antes.

Ele tem consciência da forma rude com que responde a qualquer pergunta relacionada à floresta e aos índios, e explica:

— Nada pessoal contra jornalista e contra ninguém. Quando falo dessas cenas, me dá uma raiva danada, e não faz diferença se a história ocorreu há centenas de anos ou agora.

Possuelo conta que, durante trabalho de contato com três grupos de índios araras, nos anos 1980, no Pará, teve a oportunidade de constatar claramente o quanto é nociva para uma tribo a proximidade dos brancos. Depois de conversar com uma família de araras, marcou novo encontro, mas teve uma decepção: a família não compareceu. Um índio não costuma descumprir acordo. Na mata, o sertanista encontrou o homem e a mulher mortos. A filha do casal, que estava viva sobre o corpo da mãe em decomposição, foi levada para um hospital de Altamira. Ele a chamou de Fênix.

O sertanista controla com firmeza cinco frentes de proteção etno-ambiental. Os postos estão em áreas onde há registros de presença de homens isolados. Além da frente do Vale do Javari, existem os postos de Madeirinha, entre Mato Grosso e Amazonas; Guaporé, em Rondônia; Zoé, no Pará; e Envira, no Acre. Um número insuficiente de frentes, na avaliação do sertanista. A Base do rio Purus, também no Amazonas, foi fechada por falta de dinheiro e pessoal.

Em cada frente, uma situação peculiar. No Pará, a base do governo desenvolve um trabalho com os zoés. Esses índios tiveram contato regular com os brancos durante décadas. Quase perderam as tradições por influência de grupos religiosos estrangeiros. Agora, vivem em paz. O uso de lanterna é um dos vestígios do contato com o brancos.

O Estado de Rondônia está repleto de restos de povos. Na área compreendida pela frente de Guaporé, aldeias foram estraçalhadas pela expansão de fazendas e garimpos. É comum a cena de um ou dois índios perambulando sem rumo pelos campos dos arredores dos vilarejos que engoliram suas terras.

*

Orlando Villas Bôas foi o maior ídolo de Possuelo, um jovem em busca de aventuras. Expulso do Exército por indisciplina, Orlando começou a realizar aos 27 anos uma das grandes epopéias da Era Contemporânea. Em 1943, ele e os irmãos Cláudio, 25, e Leonardo, 23, se inscreveram em São Paulo na Expedição Roncador-Xingu, idealizada pelo governo Getúlio Vargas, em 1937, para instalar pistas de apoio a aviões no Centro-Oeste, um território desconhecido e selvagem. Foram recusados.

Então, disfarçados de peões, com roupas surradas e sapatos gastos, seguiram para Aragarças, em Goiás, onde se iniciaria a expedição. Orlando deixou o emprego na Esso, Cláudio abandonou o trabalho num órgão público, e Leonardo, a empresa Nestlé. O disfarce lhes permitiu participarem da expedição como mateiros e ajudantes de pedreiro. Levavam escondidos na bagagem livros de Kant e Euclides da Cunha e do historiador Couto de Magalhães.

O encarregado da missão logo percebeu nos gestos e atitudes dos três irmãos um nível cultural acima da média dos demais homens. Afinal, faziam parte do grupo até matadores procurados pela polícia. Orlando se tornou secretário da expedição, Cláudio, chefe de pessoal, e Leonardo, responsável pelo almoxarifado.

Mais tarde, Orlando passaria a chefiar a expedição. O grupo, que contava com 30 homens no início, terminou a viagem quase cinco anos depois, na bacia do rio Xingu, mobilizando milhares de pessoas, entre mateiros, médicos, militares e índios. Os irmãos Villas Bôas atravessaram a Serra do Cachimbo e a Serra do Roncador, percorrendo mais de mil quilômetros de rios e florestas.

O Brasil acompanhava a aventura dos irmãos pelas revistas e pelo programa de rádio "Repórter Esso". Os ranchos construídos pela expedição se transformaram em cidades como Nova Xavantina, Água Boa, Canarana, Peixoto de Azevedo. Incorporavam-se ao mundo dos brancos milhares de índios que nunca tinham tido contato com ele. Sem tiros, os Villas Bôas entraram nas terras dos kalapalos, xavantes e kaiapós. Conseguiram para esses índios o Parque do Xingu, uma área de 28 milhões de hectares. Outros grupos ameaçados foram transferidos para lá. Nem todos conseguiram se adaptar. Os panarás, por exemplo, com a construção da rodovia Cuiabá—Santarém, foram removidos em 1973 para o parque, onde tiveram de morar perto dos inimigos kaiapós. Recusaram-se a ficar. Com apoio de ongs, recorreram à Justiça e ganharam, em 1995, o direito de voltar à terra de origem, mais ao norte. Apesar dos problemas, a população panará aumentara de 78 para mais de 200 indivíduos.

Leonardo não viu a criação do parque. Teve um ataque cardíaco semanas antes e morreu numa clínica em São Paulo.

Dos irmãos, Orlando era o mais brincalhão, o mais exigente e o mais político. Como passatempo, lia revistas do Tio Patinhas. Tinha boas relações com a imprensa e era quem negociava com os chefes brancos. Era também um bom fazedor de frases. "Nunca vi dois índios discutirem. Nunca vi uma índia puxar a orelha da filhinha. Nunca vi um pai dizer não para uma criança. Eles nos dão uma lição de vida em sociedade."

Cláudio era a antítese de Orlando. Na cidade, era introspectivo, calado e solitário. Passava na selva a maior parte do seu tempo. Com os índios, era capaz de ficar uma noite inteira conversando. No Posto Diauarum, no Parque do Xingu, montou uma biblioteca com clássicos da filosofia. Escreveu o livro *A arte dos pajés*. Cláudio tinha consciência do papel desempenhado pelos sertanistas da época. E admitiu para pessoas próximas: "Na verdade, muitas vezes me sinto, nesse trabalho de atrair índios arredios, como um apanhador de sapos, saciando a fome de serpente da civilização."

*

Na proa do *Etno*, o mateiro Soldado aponta para bichos e árvores na beira do rio. Como seria impossível transportar barcos motorizados nos trechos de mata que seriam percorridos a pé, o ribeirinho fica responsável pela construção de canoas para a expedição descer o rio no último trecho da viagem. Ele explica quais as melhores madeiras e épocas para se fazer uma canoa resistente e segura e fala das dificuldades de encontrar árvores nas proximidades de seu povoado.

A expansão das madeireiras a partir dos núcleos ribeirinhos tornou escassos os troncos que os moradores usavam na fabricação de canoas. Árvores utilizadas nos estaleiros em funcionamento nas residências, como guariúba, jacareúba, angelim e itaúba, só são encontradas agora em lugares cada vez mais distantes. A atividade de construtor de canoa garantia a renda a boa parte das famílias. Hoje, restam a pesca e o plantio de mandioca, feijão e banana.

Antes da chegada dos madeireiros, os ribeirinhos se orientavam pelas narrativas mitológicas indígenas. O corte de uma árvore ou a caça de um bicho levariam em conta os castigos impostos pelos mitos da floresta. A exploração da mata era limitada. A crença no mapinguari e outros mitos da Amazônia era parte do conhecimento repassado pelos ancestrais índios. Não se podia matar um animal enquanto ainda houvesse carne de outra caça na cozinha da casa.

Soldado mantém a crença no mapinguari — um ser meio homem, meio bicho. Ele conta que, meses antes de entrar na expedição, dera falta de um dos filhos. Os vizinhos saíram à procura da criança e a encontraram dois dias depois no interior da mata.

— A gente achou as marcas das patas e pêlos do bicho. Foi o mapinguari. Imagina se uma criança iria sobreviver no mato tanto tempo. Teria morrido. Mapinguari cuidou dele.

As motosserras e tratores destroem a floresta e, com ela, os mitos dos ribeirinhos. Segundo estimativas oficiais, 18 mil hectares de floresta desaparecem a cada ano na Amazônia. Na comunidade de São Rafael, onde vive Soldado, não há mais um pé de árvore em condições de virar canoa. Antigamente, lembra o mateiro, as madeiras usadas nos estaleiros eram facilmente vistas por detrás das embaúbas existentes nas margens dos rios e igarapés.

Soldado e os parentes foram recrutados pelas madeireiras para o corte das árvores. Nas contas do fazedor de canoas, saíam de São Rafael, em média, 1.600 toras a cada inverno, estação da cheia dos rios, de dezembro a junho. Desde os anos 1990, ele tem de percorrer grandes trechos da mata para encontrar madeira de fazer canoa.

Colegas de Soldado, como Raimundo Costa, Arlindo dos Santos e Neca, acabaram morrendo em acidentes durante a derrubada de árvores em São Rafael.

— Progresso é isso mesmo — resigna-se o mateiro.

A maúba é uma das árvores preferidas pelos fazedores de canoas.

— É a madeira mais resistente — garante Francisco Bezerra, o Chico, 19 anos, o mateiro ribeirinho mais jovem da expedição.

Chico ajudava o irmão Mário, 32 anos, a fazer e vender canoas. Explica que uma canoa de maúba pode ser utilizada por até seis anos, mais que a maioria das embarcações feitas de outra madeira. A barca de jacareúba, madeira rosa e valiosa no mercado ilegal, dura de três a quatro anos. A itaúba, madeira de coloração amarelada, fácil de esculpir, é outra árvore na mira de madeireiros. Até o início do século XX, as canoas de itaúba eram as preferidas dos exploradores da Amazônia.

Os irmãos Chico e Mário aprenderam a fazer canoas com o pai, Martins, 60 anos. A família mora em São Gabriel, outra comunidade ribeirinha às margens do rio Itaquaí, com 12 palafitas. Sem condições de percorrer grandes trechos na mata, Martins decidira abandonar a profissão.

Chico reclama da dificuldade de encontrar jacareúba e itaúba.

— A madeira é o único segredo para fazer uma canoa.

Em um mês, ele e o irmão conseguem fazer até quatro canoas pequenas, com capacidade para duas pessoas. Cada embarcação desse tipo sai por 60 reais. Uma canoa maior, de 7 metros, "pronta para navegar", é vendida no máximo por 150 reais. Chico e Mário pretendem abandonar a atividade e investir na agricultura.

Os fazedores de canoas não conseguem repassar aos preços do mercado de Tabatinga os custos com as viagens pela floresta em busca de troncos.

— Nisso, a situação é a mesma, o comprador não quer saber se a gente tirou madeira longe ou perto — reclama Chico.

Mais sorte que os ribeirinhos tiveram os índios da reserva do Vale do Javari. Com a proibição da entrada de madeireiros na área, ainda é fácil encontrar árvores boas para a fabricação de canoas. Por mês, o índio Ivan Arapá e a família, da aldeia matis, constroem até quatro canoas grandes.

A guariúba e a jacareúba são as madeiras preferidas pelos matises na construção de uma *nunté*, como chamam a canoa. Na aldeia, uma embarcação para três pessoas leva até um mês para ser feita por um homem. Mas se o trabalho for conjunto, envolvendo três a quatro índios, o prazo pode ser reduzido para dez dias.

A canoa de paxiúba, palmeira chamada de barriguda pela saliência no tronco, é a mais tradicional embarcação de matises e korubos. Para fazer a canoa ou *cocho*, os índios aproveitam o fato de a árvore possuir uma barriga. Eles retiram da árvore essa barriga e usam enxós e facões para escavar-lhe o miolo.

*

A Amazônia é fantástica para quem sabe vê-la. Navegar pelos seus rios pode frustrar quem espera encontrar somente imagens exuberantes. O Itaquaí, por exemplo, tem margens secas, tomadas por troncos derrubados na época da cheia. Serpenteia a floresta com suas águas achocolatadas e turvas, que impedem que se veja qualquer sinal de vida a um palmo de profundidade.

As explicações de Soldado sobre bichos e árvores fazem você olhar a floresta com outros olhos, reparando na complexidade, na variedade da vegetação e na infinidade de nuances.

Os cientistas dizem não passar de um mito a idéia de ser a Amazônia o "pulmão do mundo" e produzir 30% do oxigênio do planeta, pois são as algas marinhas verdes as responsáveis por cerca de 90% do oxigênio. Os mares, sim, são os "pulmões do mundo". A floresta amazônica não é considerada uma formação recente no planeta. Apenas a vegetação em fase de crescimento absorve gás carbônico. A produção do oxigênio da Amazônia é consumida pelo próprio ecossistema da região. As espécies da floresta absorvem todo o oxigênio liberado pela fotossíntese, processo consumidor de gás carbônico (tóxico para a respi-

ração) e responsável pela liberação do oxigênio necessário à sobrevivência. Os ambientalistas, com essa nova visão, abandonaram, a partir dos anos 1980, o discurso sobre "pulmão do
mundo" e passaram a adotar o da biodiversidade dos rios e matas da região. Pesquisas recentes mostram que, em pontos isolados da selva amazônica, a teoria do "pulmão do mundo" faz
sentido. Ali, o ecossistema absorve gás carbônico em quantida-
des maiores do que as liberadas para a atmosfera. É o caso de
um trabalho realizado por pesquisadores do Instituto Nacional
de Pesquisas Espaciais e pela Universidade de Brasília, em 1992 e
1993, na Reserva Biológica do Jaru, em Rondônia. Mas, na avaliação desses estudiosos, os resultados não retratam a situação
de toda a Bacia do Amazonas.

E os barcos avançam pelo Itaquaí. De uma curva a outra, a
paisagem pouco varia, mas os mateiros chamam a atenção para
o movimento dos bichos na vegetação das ribanceiras, pois o
barulho dos motores dos barcos afasta as aves, os macacos, as
onças e outros animais para o interior da mata.

Pelo menos neste ponto da Amazônia, a selva é diferente daquela descrita pelos ilustradores dos livros de naturalistas e bo-
tânicos sobre a Amazônia, tão cheios de cores e luzes. O que
parece mais provável é que parte dessa produção tenha resultado de devaneios, assim como muitos exploradores europeus, nos
primeiros 300 anos de colonização, falam de homens de longas
caudas, guerreiros de duas ou mais cabeças e outras criaturas
bizarras.

No século XIX, naturalistas percorreram os sertões brasileiros em busca de novas espécies de bichos, plantas e minérios. O

primeiro a desbravar o Brasil com um discurso "científico" foi Alexandre Rodrigues Ferreira, nascido em Salvador, em 1756. Doutor em ciências naturais pela Universidade de Coimbra, tinha 27 anos quando o governo português o enviou ao Brasil para organizar uma expedição. Embora Alexandre tenha viajado durante seis anos e meio por Mato Grosso, Pará e Amazonas e recebido o apelido de "Humboldt brasileiro", não formou uma grande coleção. Em Mato Grosso, por exemplo, ele ficou dois anos e cinco meses e listou apenas nove espécies animais. A sua *Viagem Philosophica* tinha caráter político e institucional. Na avaliação do pesquisador e músico Paulo Emílio Vanzolini, visava recolher informações para a Coroa sobre as potencialidades dos recursos minerais. Dos portos da Amazônia, porém, ele despachava para o Museu da Ajuda, em Lisboa, também bichos empalhados e plantas secas. Ao voltar a Portugal, passou a trabalhar no museu como pesquisador, mas sofreu decepções que o fizeram entrar em depressão e no alcoolismo, e morreu em 1815. Alexandre enfrentou sabotagem de colegas, que sumiam com seus bichos. A depressão teve a ver ainda com a invasão de Lisboa pelas tropas napoleônicas em 1808. Com o exército francês, chegava à cidade o zoólogo Etienne Geoffroy Saint-Hilaire, encarregado de saquear o museu e impor acordos para "legalizar" os saques. Virou verbete da *Encyclopédie Larousse* como o homem responsável pela "Mission Scientifique en Espagne et en Portugal", embora tenha sido apenas um ladrão de amostras de tartarugas, surucucus e outros bichos. Encaixotou e enviou a Paris 384 mamíferos, 384 aves, 32 répteis e 100 peixes, boa parte coletada por Alexandre Rodrigues Ferreira, como registra Vanzolini. Na capital francesa, Saint-Hilaire estudou os bichos e registrou, pela primeira vez na história da ciência, espécies do cerrado, como o lobo-guará, e amazônicas.

O barão alemão Georg Heinrich Langsdorff listou um grande número de espécies, mas boa parte já era conhecida. Na verdade, ele ficou famoso mais por fatos alheios à pesquisa científica — como a sua própria demência ao final da viagem e a morte do artista plástico Aimé-Adrien Taunay, responsável pelas ilustrações das espécies, afogado no rio Guaporé. Langsdorff chegara ao Rio de Janeiro em 1813 para atuar como cônsul da Rússia. Em 1826, iniciou a expedição. Passou por São Paulo, Mato Grosso e Pará. Das 140 espécies que identificou, cem estavam descritas havia tempo, segundo Vanzolini. Mais de 90% das aves coletadas nas margens dos rios e florestas pelo barão também já eram conhecidas. O mesmo se verificou mais tarde em relação aos mamíferos, 83 dos quais haviam sido estudados por outros cientistas.

Em 1817, a arquiduquesa imperial da Áustria, D. Leopoldina, ao chegar ao Brasil para casar com o príncipe D. Pedro, trouxe debaixo das saias uma comissão científica selecionada pelo Museu de Viena. No grupo, estavam os naturalistas bávaros Johann Baptist von Spix, de 36 anos, e Carl Friederich Phillip von Martius, 23. Eles viajariam durante trinta meses pelo Brasil. Disseram ter descoberto 28 espécies de macacos. Apenas oito foram consideradas válidas. Das 237 aves descritas como novas por Spix, apenas 67 eram realmente novidade. Nem todos os bichos coletados por ele pertenciam à fauna brasileira. Havia na coleção três espécies européias de serpentes. E dos 53 sapos registrados como novos, 33 tinham sido catalogados.

Ao retornarem à Europa, quatro anos depois, Spix e Martius foram premiados. Martius foi nomeado para diversas instituições científicas. Spix ganhou do rei Ludwig I um castelo no lago de Constança, na Baviera. Passou pouco tempo lá. Morreu em 1826 em decorrência de moléstias contraídas na Amazônia. Spix e Martius fizeram estranhos registros sobre os costumes indígenas. "Os índios não ligam para o dia seguinte, porque não distinguem passado e futuro", escreveram. Martius, mais tarde, defendeu a tese de que os índios teriam origem em uma "alta civilização", com apogeu na Antigüidade, que, por razões naturais, teria se degenerado.

*

Os guias matises e marubos vestem, logo pela manhã, as roupas distribuídas na noite anterior por Possuelo. Antes de retomar a viagem pelo Itaquaí, o sertanista chama o grupo para uma sessão de fotos na parte superior do barco *Waiká*.

Às 8 horas, a névoa se desfaz, e a floresta reaparece. Sob o sol e o vento, os quatro barcos da expedição retomam a subida do rio. Mais acima, surgem as primeiras praias formadas com a baixa das águas. Por todos os lados, arbustos e folhagens tomados pela lama. O Itaquaí baixara mais de um metro desde o fim da época das chuvas.

Em 2001, o rio chegou a ficar seis metros mais baixo que o nível habitual. O Itaquaí não é um dos rios mais largos da Amazônia — tem cerca de 200 metros de margem a margem — nem é um dos mais fundos — cerca de 50 metros.

À tarde, a expedição flagra pescadores no rio. Quatro matises armados e o indigenista Paulo Welker entram numa canoa e vão atrás deles. No Território Indígena do Vale do Javari, os brancos não podem caçar nem pescar. Os matises e Welker apreendem duas canoas de guaruba. Os pescadores conseguem fugir pela floresta.

Ao final do dia, chega de Tabatinga a lancha trazendo o mecânico para consertar o motor do barco *Etno*. O problema é resolvido, mas a embarcação não pode aumentar a velocidade. Como o rio baixara ainda mais, tem de manter velocidade baixa.

Com o céu escuro, os quatro barcos da expedição alcançam a boca do igarapé São José, um estreito canal ligado ao Itaquaí. A noite é dos piuns, que nos causam alergia e deixam vermelhos os braços, as pernas e o pescoço. Meias grossas de futebol e camisas longas não detêm as nuvens de mosquitos. A coceira vem depois, quando as feridas secam.

Ancoramos as embarcações numa praia de areia cinza, tomada por pegadas de jacaretinga, uma espécie de jacaré pequeno. Os mateiros são os primeiros a descer. Com machados e facões, retiram as embaúbas — árvores pioneiras, de madeira mole — da beira da floresta para amarrar os barcos. Os troncos servem também como postes de luz. As duas lâmpadas, acesas na praia com a energia dos barcos, atraem mais mosquitos e outros insetos.

Malocas de índios flecheiros tinham sido registradas por Possuelo a cerca de 30 quilômetros da praia, quando sobrevoara o local. Com o desligamento dos motores dos barcos, ouvimos uma infinidade de sons e barulhos de pássaros e outros bichos da mata. Os homens colocam cadeiras na praia. Ali, Possuelo reúne o pessoal e conta histórias de onças. Também conversa sobre as condições de navegação. O sertanista avalia que o barco *Etno*, o maior da expedição, deveria ficar para trás na semana seguinte, pois o rio se tornara estreito e apresentava quantidade cada vez maior de troncos e galhos. Os ocupantes do *Etno* seriam transferidos para as outras embarcações. Uma chuva inesperada obriga os homens a se recolherem aos barcos.

*

Após o café-da-manhã, Possuelo decide subir pelo Itaquaí em uma lancha até as aldeias kanamaris de Remansinho e Massapê para levar remédios. Acompanham o sertanista o funcionário da Funai Antônio Melo, o médico alemão Dirk Englisch e eu. Englisch, um dos mais entusiasmados da expedição, nasceu em Bonn, na Alemanha, e trabalha para uma organização não-governamental alemã na área de saúde em Bogotá, onde se casou com uma colombiana. Atua no combate à tuberculose e à hanseníase em países da América do Sul. Esteve também na África. Conseguiu permissão de Possuelo para acompanhar a primeira semana da expedição. Em troca, examinaria todos os integrantes do grupo. Possuelo aproveitaria a presença do médico alemão para dar assistência aos índios das aldeias kanamaris ao longo do Itaquaí e avaliar as condições de um índio que estaria com tuberculose.

O Território Indígena do Vale do Javari tem 8,5 milhões de hectares — o tamanho do estado de Santa Catarina, ou de Portugal —, mas só conta com um médico para atender os seus 3 mil habitantes índios, que estão em contato com cidades vizinhas e, portanto, expostos ao contágio de doenças dos brancos. O médico é contratado da Funasa para atender as comunidades indígenas apenas na parte da manhã. Mas essa é uma tarefa difícil, pois ele é contratado também pela Prefeitura de Atalaia do Norte para dar expediente na parte da tarde. Para ir da comunidade indígena de Remansinho, por exemplo, até Atalaia do Norte, ele precisa navegar uns dois dias de lancha motorizada.

O indigenista Paulo Welker, chefe da Frente de Proteção Etno-Ambiental do Vale do Javari e subordinado a Possuelo, diz que o problema da saúde na região agravou-se a partir dos anos 1990. É dessa época a transferência da responsabilidade da saúde dos índios do Ministério da Justiça para a Funasa, um órgão do Ministério da Saúde.

— Antes, havia um mínimo de condição humana nos atendimentos.

O salário do único médico responsável pelos índios é pago pela Funasa e pelo Conselho Indígena Vale do Javari, o Civaja, organização não-governamental formada por lideranças indígenas. Essa ong recebe ajuda financeira do governo da Alemanha, mas tem pouca experiência na área de saúde. Seus principais projetos são voltados para educação.

Histórias ilustrativas da realidade da saúde no Vale do Javari não faltam. Certa vez, os indigenistas tiveram dificuldades em achar um médico para tirar balas dos corpos dos korubos, os "caceteiros". E os médicos precisam ser levados até eles, pois é praticamente impossível, segundo Welker, retirar os índios das aldeias para levá-los aos centros urbanos.

— Como essa gente, na floresta há séculos, vai acordar cheia de tubos num hospital? Médico para trabalhar aqui tem de ter muito preparo — afirma Welker.

Na lancha em direção a Massapê e Remansinho, o médico Dirk Englisch se diz um "aventureiro".

— Fico pensando nos exploradores do passado, como era difícil percorrer todas essas regiões sem água potável, equipamentos e remédios.

Na proa da lancha, o vento gelado da manhã. Estamos a uma velocidade média de 40 quilômetros por hora. Apesar do frio, é uma sensação bem mais agradável que o calor da noite anterior no interior dos barcos, cheia de piuns. Durante a viagem, você pode observar melhor o martim-pescador, ave azul ou verde, de peito branco e bico forte, que acompanha a embarcação até certa altura, limitando o vôo ao espaço que toma como território seu. A algazarra de bandos de araras sobrevoando o rio e a coreografia de botos cor-de-rosa quebram a monotonia.

O médico informa que a tuberculose atinge uma parcela significativa das tribos da Amazônia, mas os profissionais de saúde não têm preparo para lidar com a doença.

— Eles dão antibiótico ao paciente e o mandam para casa. Mas o tratamento deve ser prolongado, de seis a oito meses, para acabar com a bactéria causadora da doença. É muito difícil motivar índios e brancos a continuarem o tratamento até o fim. Em duas semanas, basta uma ligeira melhora para abandonarem os medicamentos.

A interrupção do tratamento torna a tuberculose ainda mais resistente. As drogas passam a não ter efeito. E o alcoolismo, drama crescente nas aldeias próximas às cidades e vilas da Amazônia, agrava o problema. A cultura indígena também impõe barreiras.

HOMENS INVISÍVEIS

— Digo para eles que a tuberculose é uma enfermidade de branco, por isso tem de tomar remédios de branco.

Após duas horas de lancha, chegamos a Remansinho. Uma fila de crianças logo se forma. A última visita do médico da Funasa à comunidade fora em março. Desnutridas, as crianças estão com infecções de pele e verminoses. O chefe da tribo passou de cacique a conselheiro. É assim que João Kanamari se apresenta aos visitantes desde a criação da ong Civaja, responsável pelos projetos de saúde na área. Conselheiro da entidade, ele nada pode fazer para aliviar os problemas da comunidade.

— Não aparece médico aqui tem três meses — reclama.

Em Remansinho, os adultos têm em média 1,5m de altura. A desnutrição e os problemas com a dentição atingem toda a tribo. Muitas das crianças ficaram órfãs em decorrência de doenças transmitidas a seus pais por brancos. A menina Otarri, de 4 anos, perdeu a mãe há dois anos. Ela é criada pela comunidade.

Há mais de cem anos, desde os primeiros contatos com os brancos, os kanamaris estão esquecidos pelas autoridades médicas. Os kanamaris falam a língua katukina e serviram de escravos nos seringais do Vale do Javari durante o *boom* da borracha, de 1890 a 1910, e depois viveram em semi-escravidão até o final dos anos 1960. Nas três décadas seguintes, foram explorados também na extração de madeira. Em 1996, a população dessa etnia era de apenas 576 pessoas.

Tapiris — casas dos kanamaris, de madeira e folhas de palmeira — sucedem-se ao longo das margens do Itaquaí. Muitas dessas construções pertenceram a brancos que as abandonaram quando a área se transformou em reserva indígena, em 1996.

Um relatório feito pelo governo no início do século XX e analisado pelo antropólogo Darcy Ribeiro conta a história desses índios. Em 1912, seringueiros atacaram uma aldeia e mataram quatro mulheres kanamaris. Duas crianças foram jogadas dentro de um igarapé e mortas a tiros. Depois, vieram os madeireiros, que aproveitavam os índios explorando-os no corte de madeira nobre. O processo de aculturação acabou com ritos e até conhecimentos medicinais do grupo indígena.

Segundo outro relatório, de 1998, as perdas demográficas decorrentes de epidemias, conflitos, migrações forçadas e escravização ou de puro extermínio nas chamadas "correrias" — invasões da floresta por grupos armados contratados para expulsar os índios — alteraram o quadro etnográfico e histórico da região. O "Relatório de Identificação e Delimitação da Terra Indígena Vale do Javari", da Funai, conta que em março de 1995 houve uma epidemia de hepatite em Atalaia do Norte. A Casa do Índio, mantida pela Funai na cidade, se transformou num "campo de refugiados". Um grupo de 55 índios, incluindo 32 kanamaris, foi internado. Muitos kanamaris, mayorunas e marubos estavam também com malária.

Em busca de sinais de povos isolados no Vale do Javari, a expedição vai encontrando pelas margens dos rios e igarapés índios ignorados pelas autoridades e ongs. Na comunidade de Bananeiras, o cacique Valdemar Kanamari acusa a Funai, órgão de defesa dos índios, de omissão em relação à tribo. Valdemar conta que o chefe do posto mantido na aldeia pela fundação não aparece ali há três meses. A mesma queixa é feita por Catingoso, cacique kanamari da aldeia Beija-Flor, também na beira do Itaquaí. As comunidades criticam igualmente o descaso da Funasa, órgão do Ministério da Saúde encarregado da saúde dos povos indígenas. A Funasa não estaria deslocando médicos e enfermeiros para a região.

A situação da aldeia Massapê, mais três horas e meia rio acima, é semelhante: faltam remédios e assistência médica.

Os representantes do governo não costumam dialogar com as aldeias antes de tomar uma decisão que afeta a vida dos índios. Um exemplo é uma construção de alvenaria em Massapê. O Ministério da Saúde ergue ali um posto médico com 12 ambientes. A obra, tocada por um grupo de pedreiros brancos, é diferente das construções da tribo. Os índios preferem as arejadas casas de embaúba e folhas de palmeiras, sustentadas por toras de maçaranduba. Pelo costume kanamari, quando a vida se torna ruim, a comunidade muda a aldeia de lugar. Há pouco tempo, uma aldeia vizinha passou para um trecho mais abaixo do rio. E os índios de Massapê também planejam se mudar.

O chefe da obra do posto médico, Nonato Matias, afirma que o contrato com a Funasa termina em julho. O trabalho está apenas na metade.

— Terminando ou não, a gente vai embora — avisa Matias.

Para complicar, faltam tijolos e telhas. A comunidade não tem tradição em olaria.

Arcílio Kanamari, de 30 anos, é o "agente de saúde" de Massapê destacado pela Funasa. Passou a cuidar da pequena farmácia da aldeia. Os médicos aparecem poucas vezes por ano, e faltam remédios. Arcílio até esqueceu onde colocou a chave da farmácia.

— Mas criança aqui só aparece com dor de barriga e ameba quando chega remédio. Quer tomar tudo de vez — diz.

Na beira do rio, em frente à aldeia, os meninos kanamaris brincam com miniaturas de barcos. O ofício de fazer canoas é um dos resquícios da cultura kanamari. A maioria das crianças, no entanto, ao construir miniaturas de barcos para brincar nos rios, faz questão de esculpir o motor, como o das embarcações dos brancos forasteiros.

A lancha de Possuelo retorna à tarde ao igarapé São José. E mais piuns e calor entram em cena ao entardecer.

*

Dias depois, o médico Dirk Englisch e o cineasta Andrea Tonacci, amigo de Possuelo, despedem-se do grupo. Voltam em uma lancha para Tabatinga, levando cartas do pessoal para postar nos correios da cidade ou entregar nos povoados à beira do rio. Quem sofresse acidente ou tivesse problemas de saúde contaria apenas com medicamentos e vacinas trazidas pela expedição e com o conhecimento dos mateiros sobre o uso de ervas e raízes medicinais. Tonacci, um italiano alto, de cabelos grisalhos e magro, radicado em São Paulo, me dá sugestões de como conversar com os índios. Ensina que é preciso ir além de palavras. Afinal, nem os matises dominam a língua portuguesa, nem eu sei a língua pano. Um diálogo com os nativos exige gestos.

*

Num fim de tarde, na proa do barco *Waiká*, Possuelo fala sobre a floresta da reserva do Vale do Javari.

— No Brasil, as pessoas pensam a Amazônia como empecilho ao desenvolvimento. Há um ódio em relação à selva. Fora a época de produção da borracha e das extrações nos garimpos, isso aqui nunca prestou, na visão de muita gente. Todos, inclusive parte dos defensores do meio ambiente, se perguntam a toda hora como aproveitar a mata. Aí, inventam esses projetos autosustentáveis, os mesmos projetos de devastação de sempre. A floresta tem de se justificar para permanecer em pé. Tem de oferecer condições para a construção de hotéis e pousadas. Ninguém está querendo voltar no tempo, mas precisamos perder o ranço desenvolvimentista, encarar a Amazônia como selva, ter orgulho do desconhecido, saber como as pessoas vivem de forma tão simples.

Possuelo mostra fotos de uma descoberta capaz de entusiasmar cientistas e leitores de histórias da selva. Uma semana antes de iniciar a expedição, o sertanista sobrevoara a área a ser percorrida e fotografara uma aldeia com 18 malocas suspensas. O conjunto de casas não constava nos mapas da antropologia. Construídas sobre toras, as malocas são de madeira e cobertas com folhas de paxiúba, palmeira típica da região. Nada se sabe sobre a língua, os hábitos e os costumes dos que moram no lugar.

— É até estranho não termos encontrado esse conjunto de malocas há mais tempo no Vale do Javari — admite o sertanista.

Esse é o maior conjunto de casas de índios isolados no Vale do Javari.

— As malocas têm duas águas, só sei isso. Nada mais tenho de informação — diz Possuelo ao olhar as fotografias da aldeia. A característica desse espaço habitacional, segundo ele, lembra a aldeia dos índios zoés, no Pará. As casas se assemelham também às construídas pelos kanamaris. Possuelo afasta a possibilidade de ser uma aldeia de tribos isoladas de korubos ou flecheiros, moradores da região das cabeceiras dos rios Itaquaí, Jutaí e Jutaizinho. As malocas dos flecheiros são arredondadas, e as dos korubos, compridas. O sertanista trabalha com a hipótese de a aldeia descoberta pertencer a um grupo isolado de índios kanamaris. Todas as aldeias conhecidas dessa etnia passaram por um trágico processo de aculturação, iniciado há mais de cem anos. A meta do sertanista é encontrar uma maneira de proteger dos exploradores a aldeia descoberta.

As fotos tiradas no sobrevôo mostram grandes plantações de mandioca em volta das malocas. Um cenário muito diferente das aldeias kanamaris de Remansinho e Massapê, sem grandes roças e tomadas pelo mato.

— Quanto mais isolado na floresta, mais forte e feliz é o índio.

A descoberta anterior mais recente de Possuelo fora feita em 1998, no Acre. Era um conjunto de malocas cuja distribuição no terreno formava um desenho parecido com o de uma flecha.

Possuelo tem consciência de ser um homem do governo. Para o bem ou para o mal, nos rincões do Brasil, isso tem um peso grande. O sertanista conhece bem a história da participação do Estado nos massacres e na devastação da selva. A partir dos anos 1940, o Serviço de Proteção ao Índio (SPI) contribuiu para a "limpeza" de grandes extensões de florestas exploradas pelos produtores de látex. Quem adquiria título de terras, geralmente devolutas, financiava os profissionais do SPI para "pacificarem" os índios "arredios" e "infiéis". Rondon, o maior defensor dos índios, foi o responsável pela abertura das terras indígenas de Mato Grosso aos exploradores brancos. Não atirou contra índios, mas acelerou um processo de devastação sem precedentes. Antes de morrer, reconheceu ter errado ao propor a miscigenação das raças, a substituição do índio pelo caboclo.

"Civilizar" os sertões sempre foi uma mania nacional. Em 1823, meses depois da independência do Brasil, José Bonifácio propôs à Assembléia Constituinte um projeto para "civilizar" os índios bravos. Vista como extravagante à época, a proposta era a de acabar com o aldeamento jesuítico — sistema de confinamento de índios —, e permitir às tribos alianças comerciais e culturais com os brancos, num processo gradual de aculturação e miscigenação. Pelo menos havia humanidade no projeto. "Antes, porém, de se trazerem os índios dos matos para se aldearem, deve-se de antemão ter feito todas as plantações e roças necessárias para se sustentarem pelo menos nos seis primeiros meses", escreveu Bonifácio. Na avaliação do Patriarca da Independência, o único problema era que os índios comiam carne humana. "É coisa grande e bela chamar do fundo das matas aos selvagens, para os civilizar, mas se o deviam ser pelo ferro, pela astúcia e pela imoralidade, melhor fora deixá-los na sua ignorância e barbaridade, ao menos não aumentaríamos sua miséria; e não os teríamos exterminado", disse Bonifácio.

A partir do primeiro encontro com brancos, quase sempre a tribo passa a sofrer com as doenças de não-índios e com a miséria. Quase a metade das 105 tribos isoladas registradas em 1900 desapareceu 50 anos depois, estima a Funai.

*

Os quatro barcos da expedição permanecem ancorados na entrada do igarapé São José. Em três canoas motorizadas, 24 homens da expedição sobem o curso d'água para uma inspeção. É a primeira tentativa da expedição de localizar vestígios de presença humana na mata. Com roupas camufladas e tênis escolares, matises e marubos se enfileiram nos bancos das canoas. Os tênis de marca *Kichute* têm travas nas solas, facilitando as caminhadas na selva. Armas nas mãos, não gesticulam nem alteram a fisionomia. É um pequeno e concentrado exército.

Mulateiros, apuís e samaúmas, árvores típicas da várzea, sucedem-se nas margens do igarapé, raízes à mostra, cedendo aos poucos, nos barrancos, à erosão. A cada temporada de chuvas, a força das águas derruba a vegetação de um lado e joga areia e restos de árvores para o outro, às vezes criando bancos de areia onde antes era o leito do rio, às vezes suprimindo as curvas até transformar meandros em lagos.

Em menos de duas horas de viagem, os homens encontram uma árvore tombada fechando o igarapé. Pedro Lima, proeiro da primeira canoa, tenta desobstruir a passagem com uma motosserra. Ele usa também machado e facão, para retirar galhos de outras plantas. A vegetação crescera nos últimos anos sobre essa e outras árvores tombadas de uma margem à outra do igarapé, formando obstáculos naturais.

Durante a viagem de nove horas até o local escolhido para coleta de vestígios de isolados, o pessoal se alimenta de farofa com carne de porco-do-mato. Na altura em que será montado o acampamento, os mateiros descem das canoas e, em movimentos rápidos, entram na mata, cortam cipós crescidos nas grandes árvores, arbustos e galhos. Eles instalam as redes em pequenas árvores. Em menos de 30 minutos, montam 24 ranchos, com chão forrado de folhas de palmeiras. Os ranchos dos marubos são os mais caprichados. Os índios construíram suporte para espingarda e um jirau — uma armação de madeira — para guardar a mochila e os calçados. Para quem tem mosquiteiro para cobrir a rede, melhor. Os piuns dos rios são poucos na área do acampamento, mas os insetos da mata infestam o lugar. Besouros e mariposas perturbam quem tenta dormir.

Ao redor da fogueira feita perto do barranco do rio, os indigenistas contam mais casos de onça. Alguém relata a história de uma pintada que, certa vez, arrancou parte do couro cabeludo de um índio.

Quando os homens se preparam para dormir, Tiemã Matis, o mais experiente guia índio, com cerca de 40 anos, começa a cantar, em voz baixa e sem pausa.

— Ele tá pedindo para a noite ir embora e amanhecer logo — interpreta Ivan Uaçá, um dos poucos matises a falar português com desenvoltura.

*

A manhã seguinte é de chuva no acampamento montado na margem do igarapé São José. Possuelo divide os integrantes da expedição em dois grupos para buscar vestígios de isolados na mata da área. Os homens conhecem a floresta. Nenhuma autoridade do governo ou oficial do Exército se atreve a entrar na mata sem ter ao lado ribeirinhos e índios de línguas do mesmo tronco lingüístico dos povos isolados da Amazônia.

Os índios Maxupá Matis, Pekumpa Marubo e Ivan Uaçá nunca estiveram nas cabeceiras do São José. Moram no Vale do Javari, porém mais a sudoeste, na beira do rio Ituí. A vida em contato íntimo com a floresta, no entanto, permite-lhes identificar, mesmo nas terras longe de suas casas, se a casca de uma árvore foi arrancada por um animal ou por um homem. Sabem reconhecer rastros de gente em um chão forrado de madeiras em decomposição, fungos e folhagens molhadas e cobertas de cipós se desprendendo das árvores. Acompanhá-los em dia de chuva pelos caminhos que só eles conseguem enxergar torna mais fácil entender como os vietnamitas venceram a guerra.

Depois de duas horas de caminhada mata adentro, um dos grupos, liderado por Orlando, filho de Possuelo, consegue registrar o primeiro vestígio de presença de homem isolado na área — um simples galho quebrado. O índio Ivan Uaçá diz convicto:

— Foi gente, sim.

A localização do vestígio é registrada no GPS, um aparelho de informação geográfica por satélite, semelhante, na forma, a um telefone celular. O recurso, desenvolvido em guerras, passou a ser utilizado nas expedições indigenistas no Brasil em meados dos anos 1990. Antes, os sertanistas contavam apenas com mapas incompletos, bússolas e intuição.

Ao longo do percurso, Uaçá derruba pelo menos seis suspeitas de vestígios levantadas por mateiros brancos. São galhos quebrados, mas, segundo Uaçá, foram arrancados por antas, mamíferos bastante encontrados nas margens do igarapé.

Sem bússolas, essa gente da região — ribeirinhos e índios — consegue identificar o norte e o sul, dar a direção do caminho de volta, indicado por uma árvore que aparentemente nada tem de especial. Distingue o oeste pelo limo existente desse lado dos troncos, onde o sol poente incide com menos intensidade. Orienta-se pela claridade do sol e pelos ventos.

Alguém pergunta a Pekumpa Marubo o nome de uma árvore que destoa das demais pelo tamanho da copa; Pekumpa Marubo olha para ela e fica pensando. Levanta a cabeça — o tronco parece infinito —, e nada de identificá-la. Por fim, retira o facão da bainha, dá um talho na raiz da árvore e aproxima do nariz a lâmina do facão. Cheira o pedaço de raiz espetado na lâmina e responde o nome da espécie.

*

A inspeção nas margens do igarapé São José é uma prévia da grande caminhada, avisam os indigenistas. Eles prevêem racionamento extremo de comida e muito trabalho. A escassez de alimentos, devido à dificuldade de transportá-los nas costas, e os custos da expedição exigem prolongar o trabalho diário na floresta. A rotina pode começar por volta de 4h e terminar no início da noite.

Na manhã seguinte, os homens desfazem o acampamento e voltam a subir o igarapé. O canal se estreita. As árvores tombadas passam a ser mais freqüentes no leito do rio. Outra samaúma obstruindo a passagem, talvez a maior vista desde o início da subida do rio, obriga o proeiro Raimundo Lima a mergulhar no igarapé, buscando a melhor posição para "atorar" a árvore. O índio Adelino Marubo aproveita o momento para lançar um anzol na água e consegue fisgar duas piranhas.

Quanto mais as canoas se aproximam das cabeceiras do igarapé, maior é a variedade de bichos. Uma irara — carnívoro de pelagem escura, semelhante a um gato do mato — afasta-se, seguindo por entre os galhos da margem direita do igarapé, mas sempre vigiando o movimento das embarcações.

Ao final do dia, um novo acampamento é montado em uma das praias da margem do São José. Em sobrevôos na área, Possuelo registrara pelo menos 16 malocas de gente desconhecida naquelas matas, entre o Itaquaí e o Jutaizinho.

No dia 15 de junho, uma parte do grupo entra numa canoa e sobe ainda mais o São José. Os outros homens da expedição voltam a procurar vestígios de povos isolados na área ao redor do acampamento.

A proximidade das cabeceiras do rio torna mais difícil o trabalho do proeiro Raimundo Lima de direcionar a embarcação. Árvores com troncos grossos e longos impedem a passagem da canoa. Neste trecho, o rio é extremamente sinuoso. Em determinados pontos, a faixa de terra entre uma volta e outra não passa de três metros.

Cinco horas depois de deixarem a confluência do Branco com o São José, os homens encostam a canoa em uma praia da margem esquerda do igarapé e entram na mata, onde encontram um caminho aberto e utilizado pelos índios isolados no verão da Amazônia.

Na época seca, entre junho e dezembro, os índios deslocam-se das aldeias para coletar ovos de tartarugas e tracajás nos bancos de areia do rio.

A 100 metros do acampamento, um índio matis encontra mais sinais de presença humana: alguém havia retirado, nas últimas semanas, parte da casca de uma árvore para fazer envira, fibra usada na fabricação de cestos de transportar caça na floresta.

Ao beber água numa nascente no interior da mata, Orlando Possuelo e guias matises vêem uma sucuri, de cerca de cinco metros, se arrastar pela folhagem e desaparecer numa moita.

Faz frio na madrugada do acampamento. Os mateiros brancos acordam tiritando, dizendo em tom de brincadeira que nunca sentiram "tanto calor". Os índios tratam de acender fogueiras perto de seus ranchos. O grupo novamente é dividido em três para incursionar pela mata, prosseguindo o trabalho da expedição — a busca de vestígios dos isolados. O vento joga fumaça da fogueira de um lado para outro, atrapalhando meu trabalho no computador instalado no único banco disponível no acampamento. O índio Maxupá Matis, percebendo minha dificuldade, corta uma árvore, recolhe cipó e, em 20 minutos, constrói um suporte para eu colocar o laptop, perto do barranco do igarapé e longe da fumaça. Um gesto espontâneo de generosidade.

Na mata, os grupos se alimentam de jacuba — um punhado de farinha de mandioca com água — e de carne de caça, comida que garante um dia de caminhada. A jacuba, refeição comum no Norte, é usual também em comunidades tradicionais do Nordeste e do litoral do Sudeste. "É um achado", dizem os indigenistas. No passado, a falta de alimentos resistentes à umidade e ao calor da Amazônia foi um problema para muitas expedições e fez exploradores europeus famintos invadirem aldeias para conseguir alimento.

Caça e pesca aumentam o estoque de comida da expedição. No igarapé, os mateiros pegam 32 piranhas e 9 matrinxãs e matam vários mutuns — ave do tamanho de uma galinha e de carne muito apreciada na Amazônia — e queixadas (porcos-do-mato).

Pelos cálculos de Possuelo, a expedição percorreu até agora 142 quilômetros em canoas pelo São José. O saldo da incursão no igarapé foi positivo, avalia o sertanista. Os vestígios encontrados comprovam o uso da área pelos índios isolados para deslocamentos em busca de alimentos.

Na volta ao ponto onde estão ancorados os barcos da expedição, na boca do rio Branco, os homens continuam à cata de vestígios. Ao passarem pelo acampamento montado na ida, vasculham a área para saber se, nos dois dias anteriores, alguém estivera ali e mexera nos suportes e forquilhas de sustentação das redes. O acampamento está intocado.

A ida, subindo o rio, durou dois dias. A volta é mais rápida. Em apenas um dia, o grupo está de novo no Itaquaí. Com o caminho livre da galharia e das árvores, cortadas na subida, as canoas navegam na mesma direção das águas do São José.

Na chegada ao ponto dos barcos, um fotógrafo e um repórter da revista *National Geographic* esperam o grupo no convés do *Kukahã*. Nicolas Reynard e Scott Wallace também participariam da expedição. Mateiros que haviam ficado no Itaquaí dão uma boa notícia: a Seleção Brasileira de Futebol vencera a Bélgica em jogo das oitavas-de-final da Copa do Mundo. Às vezes, ali na selva, a televisão por satélite funciona.

Reynards já acompanhara Possuelo em outras expedições pelo Vale do Javari. Com trabalhos publicados em jornais e revistas da Europa e dos Estados Unidos, o fotógrafo começou a dar mais atenção ao registro da vida na Amazônia. Virou um especialista no assunto.

— Nem a selva africana, onde a gente enxerga os bichos com mais facilidade, me fascina mais do que a Amazônia. Esta terra tem um mistério que eu não consigo explicar. É muito bom estar aqui.

*

Nos quatro barcos, os indigenistas retomam no Itaquaí a rota em direção às cabeceiras. Ao leme do *Etno*, o proeiro Pedro Lima, 34 anos, puxa conversa. Estatura mediana, moreno, cabelos crespos, conta histórias vividas nos rios do Alto Solimões. Trabalha para uma organização não-governamental que ajuda na manutenção da Frente Etno-Ambiental do Vale do Javari. A vida de barqueiro, subindo e descendo os cursos de água da Amazônia, já foi mais difícil. Lima aprendeu o ofício de barqueiro há dez anos, logo depois que a família deixou de trabalhar em seringais.

— Sou de uma família de pés de borracha.

Ao lado dele, o irmão Raimundo, 31 anos, confirma. Nos anos 1940, o avô Sérgio vivia no sertão de Alagoas, quando o então presidente Getúlio Vargas anunciou que famílias do Nordeste poderiam ter uma vida melhor mudando-se para a Amazônia. Para garantir borracha à indústria dos Estados Unidos durante a Segunda Guerra, o Estado Novo brasileiro incentivou a migração de nordestinos para os seringais do Norte. Milhares embarcaram com as famílias nos navios em direção a Manaus. Da capital do Amazonas, os nordestinos desceram os rios e seguiram para os seringais. O avô de Pedro e Raimundo desembarcou na cidade de Benjamin Constant, apostando no futuro de "soldado da borracha". Trabalhando nos seringais de José Ângelo, grande produtor de látex, Sérgio se casou e teve sete filhos. Mas nem ele nem a mulher resistiram às doenças da selva: morreram quando o mais velho dos meninos ainda não tinha completado 10 anos.

Pedro e Raimundo e mais nove irmãos seguiram os passos do avô e, ainda crianças, acompanharam o pai nos seringais e no plantio de mandioca e banana.

— A borracha nunca deu para garantir dinheiro — diz Raimundo.

Quando cansaram de trabalhar nos seringais, os Lima ainda atuaram no corte de madeira antes de procurar trabalho na cidade de Benjamin Constant.

Getúlio Vargas não foi o primeiro a incentivar a migração de famílias do Nordeste para a Amazônia. O ciclo migratório começara no século XVIII, com as estiagens prolongadas no Nordeste durante o período colonial. O auge da extração da borracha dera-se na primeira década do século XX, chegando a representar 40% das exportações brasileiras. Na avaliação de especialistas, foram a migração nordestina e o regime de escravidão nos seringais os responsáveis por esse período.

*

O escritor e engenheiro Euclides da Cunha (1869-1909) foi um dos primeiros a descrever a situação de vida nos seringais. Apesar do sucesso da publicação de *Os Sertões*, ele estava enfrentando problemas financeiros. Para tentar resolvê-los, aceitou convite do Itamaraty e assumiu o comando de uma comissão binacional encarregada de demarcar a fronteira entre o Brasil e o Peru. A expedição, formada por 14 brasileiros e 21 peruanos, navegou pelos rios amazônicos em duas canoas de itaúba. Euclides e os seus subordinados tiveram febre e ficaram com os pés ensangüentados por terem de descer das embarcações para conseguir passar pelas partes mais rasas dos rios.

Ao fazer registros da viagem, Euclides analisou as sandices patrióticas, as cobiças internacionais e, principalmente, os problemas enfrentados pela população. E, diante de tantas mazelas naturais e sociais, considerou os caboclos antes de tudo "admiráveis". A visão dele sobre o interior da Bahia registrada em *Os Sertões* dita boa parte das descrições sobre o "inferno verde": "Não há leis. Cada um traz consigo o código penal no rifle que sobraça, e exercita a Justiça a seu alvedrio, sem que o chamem a contas", escreveu Euclides ao traçar o perfil de um criminoso peruano. A Amazônia, afirma ele em carta a um amigo, só aparece aos poucos, vagarosamente, torturantemente. "Uma das minhas impressões de sulista está no perceber que o Brasil chega até cá."

Euclides teve receios de ver novamente o governo usar tropas contra pessoas inocentes. Avaliou como um "erro" a remessa de sucessivos batalhões para o Alto Purus, em manobras preventivas contra possíveis invasões de soldados peruanos. Deixou escapar momentos de emoção ao relatar a viagem pelo rio Amazonas. O "excesso de céus por cima de um excesso de águas" era para ele algo como uma página do *Gênese*. A "terra sem história" não possuía linha vertical, na descrição de Euclides. "O observador, em poucas horas, cede às fadigas de monotonia inaturável e sente que seu olhar, inexplicavelmente, se abrevia nos sem-fins daqueles horizontes vazios e indefinidos como os dos mares."

O escritor relatou, em carta sigilosa enviada ao Barão do Rio Branco, então ministro das Relações Exteriores, ter visto em trecho da selva ossadas de peruanos supostamente fuzilados por brasileiros. Os corpos não foram enterrados e ficaram expostos até a completa decomposição. O chefe do grupo do Peru deixou no local uma inscrição em folha de zinco: "*Peruanos fuzilados y quemados por bandoleros brasileños.*"

Ao ser criticado pelo seu descaso na Amazônia, o governo federal, valendo-se da boa reputação de Euclides, nomeou-o interventor no Acre. O escritor, no entanto, não aceitou a indicação. Mais tarde, pensou em revisitar a selva para finalizar o livro *Um paraíso perdido.* Acabou morrendo antes, em agosto de 1909, na Estação da Piedade, numa troca de tiros com um oficial do Exército, amante de sua mulher. A tragédia familiar teve tremenda repercussão na imprensa. A sua visão da floresta, nem tanto.

*

Possuelo e quatro integrantes da expedição — nenhum índio — passaríamos a noite de 19 de junho numa área usada por traficantes colombianos para decolagens e pousos, nas cabeceiras do rio Branco. Trata-se de uma pista ilegal, dentro do território indígena, implodida havia dois anos. A Polícia Federal informara ao sertanista da possibilidade de quadrilhas estarem utilizando a área novamente. A pista fica a 280 quilômetros da confluência do Branco com o Itaquaí e a 11 horas de viagem em lancha "voadeira" a partir do ancoradouro das quatro embarcações da expedição.

— Traficante é homem ruim e perigoso, dá presente para índio, mas deixa doida a cabeça das pessoas — alerta Possuelo, dirigindo-se aos índios da expedição uma noite antes de chegarem à área.

O sertanista explica por que não inclui nenhum índio entre os homens da expedição que vão inspecionar a pista clandestina:

— Isso é briga de branco com branco, índio deve ficar fora — diz, frisando bem as palavras.

O índio Ivan Arapá entende o recado:

— Então, índio amanhã vai caçar mutum, que agora tá dormindo no mato.

Uma boa parte da viagem de Possuelo e dos quatro homens até a pista clandestina é feita debaixo de chuva. Há uma alternância de trechos da floresta sob aguaceiro e outros iluminados pelo sol, dando a impressão de que a lancha atravessa uma seqüência de cachoeiras. Paus e galhos tombados nas águas obrigam a todo instante a "voadeira" a reduzir a velocidade. Possuelo, observando que estão intactos e crescidos os cipós que ligam às árvores das margens os troncos deitados na água, conclui que há cinco anos ninguém sobe esse trecho do rio Branco.

As margens do rio agora são altas. Navegar entre as barrancas exige atenção. Se algum índio isolado estiver no topo dos morros, terá uma visão privilegiada e um domínio sobre quem sobe o rio com dificuldades, cortando galhos e desviando-se dos repuxos.

O pessoal encosta a "voadeira" na margem esquerda do rio. Os coturnos afundam no barro. Segundo as informações do GPS, a pista fica a um quilômetro. O grupo sobe a ribanceira escorregadia. Escorrego, tento me equilibrar, mas acabo caindo com o rosto na lama.

— Foi uma queda com muita elegância — brinca Possuelo.

É preciso andar uns 300 metros de mata cheia de espinhos até alcançar o local da pista clandestina indicado pelo GPS. Latas vazias de óleo diesel, pacotes com restos de sal e galões de combustíveis de fabricação colombiana estão espalhados pelo campo. Mas a vegetação intocada deixa claro que os traficantes não voltaram a utilizar a área para pousos de abastecimento.

Possuelo e os quatro homens são obrigados a pernoitar no local por causa da distância até o ancoradouro na boca do rio Branco. Por serem poucos, o perigo é maior.

O sertanista limpa um espaço entre duas árvores para estender a rede, mas descobre, chateado, que ela está com os punhos rompidos. Ele é obrigado a dormir no chão, exposto às formigas e cobras, enquanto os outros, cansados e enlameados como ele, se deitam nas redes. De madrugada, ao acordar, vejo que tinha deixado no chão uma camisa de malha que foi literalmente devorada pelas formigas.

Na volta, Possuelo fala dos livros lidos na juventude. Sempre fora fascinado por romances de aventuras. Comenta uma obra (esgotada) lida e relida — *Rondon conta sua vida* —, escrita pela secretária do marechal, Esther de Viveiros, com um episódio que lembra o da camisa atacada pelas formigas. Durante uma viagem à Amazônia, entre janeiro e maio de 1914, chefiada por Rondon, o ex-presidente dos Estados Unidos Theodore Roosevelt perdeu todas as cuecas e várias outras peças de roupa, atacadas pelas cortadeiras.

HOMENS INVISÍVEIS

No livro, o então coronel Rondon conta que os companheiros da viagem, além de doentes e deprimidos, estavam quase nus: "Variadas espécies de formigas chegavam a fazer buraco nos sapatos e a devorar roupas, como o fizeram às cuecas do Sr. Roosevelt, que não teve como substituí-las."

O convite para essa viagem fora feito a Roosevelt em 1909, quando ainda era presidente dos Estados Unidos. Um amigo, o padre Zahm, o convencera a vir caçar onça na Amazônia. Terminado o mandato, o ex-presidente pediu auxílio a autoridades brasileiras para realizar a aventura. O governo encarregou Rondon de ciceroneá-lo. O sertanista não gostou da missão: "Aceitei eu o convite para acompanhar o Sr. Roosevelt, ponderando que o fazia certo de não se tratar de uma excursão esportiva." Roosevelt garantiu que o seu objetivo era de estudos e que levaria para o Museum of Natural History, de Nova York, os bichos que matasse. Rondon, então, resolveu aproveitar a viagem para mapear o rio das Dúvidas, em Mato Grosso. À época, não se sabia se esse curso de água era um afluente do Ji-Paraná, Guaporé ou Madeira. A caçada foi chamada de "Expedição Científica Roosevelt-Rondon".

Vestindo um uniforme cáqui, igual aos que usara em viagens à África, e botas com perneiras, Roosevelt se encontrou com Rondon no rio Paraguai, entre Porto Murtinho e Corumbá, Mato Grosso. Antes, havia passado por Rio de Janeiro, São Paulo, Montevidéu, Buenos Aires e Assunção.

Na bagagem, o ex-presidente carregava camisas de flanela do Exército dos Estados Unidos, camisas de seda e luvas compridas. Levou para o mato 90 latas de conservas, cada uma suficiente para alimentar um homem por um dia, um rifle Spring-Field, uma espingarda Fox calibre 12 e uma calibre 16 e dois revólveres, um Colt e um Smith & Wesson. O filho Kermit e o padre Zahm o acompanhariam no mato.

A relação entre o sertanista e o ex-presidente americano, à época com 55 anos, foi marcada por disputas de ego. Zahm causou o primeiro atrito na expedição. Quando Rondon e Roosevelt deixavam um dos acampamentos para fazer uma inspeção nos arredores, Zahm anunciou-lhes a intenção de batizar um bom número de índios. Disse a Rondon e Roosevelt que, quando retornassem, teriam outra visão dos selvagens. Rondon afirmou não fazer objeção ao trabalho do padre. O Serviço de Proteção ao Índio, o antigo SPI, embora não cuidasse de catequese, respeitava a liberdade espiritual dos índios. Só pedia aos religiosos para "não constrangê-los". Durante uma das caminhadas, Zahm resolveu "muito facilmente", nas palavras de Rondon, continuar sua missão literalmente nas costas dos índios.

— Índio foi feito para carregar padre — argumentava.

Roosevelt interveio:

— Pois não cometerá você tal atentado aos princípios do meu caro coronel Rondon — reagiu. E mandou o padre embora.

Em sete canoas e sem o padre, o grupo desceu o rio das Dúvidas. Na canoa da frente, Kermit era um dos mais empolgados. Acabou causando uma tragédia ao convencer os tripulantes a aproximarem a canoa de uma queda d'água para "medir" sua altura. Na proa, o mateiro Simplício acabou sendo lançado à água e arrastado por uma corredeira. O corpo desapareceu. O ex-presidente entrou em pânico por causa do filho, não por causa do canoeiro. Reclamou com Rondon:

— Não me conformo em ver a vida do meu filho ameaçada a cada momento mais do que a de qualquer outro membro da expedição, uma vez que sua canoa vai à frente.

Roosevelt queria era terminar o quanto antes a viagem:

— Não convém continuar para descobrir a verdade sobre o rio das Dúvidas. É preciso limitarmos o levantamento, porque os chefes, num grande empreendimento como este, só se devem ocupar com a determinação dos pontos principais.

Rondon rejeitou a idéia:

— Isso, pessoalmente, não me será possível.

— Os grandes homens não se preocupam com minúcias — insistiu Roosevelt.

— Nem sou um grande homem nem se trata de minúcia.

Simplício ganhou uma cruz com os dizeres: "Aqui morreu o infeliz Simplício." E Kermit continuou a viagem numa das canoas da retaguarda.

No livro, Rondon lembra do soldado Júlio, de "puro sangue branco". Júlio era, segundo o sertanista, um "velhaco nato", um "preguiçoso", apesar de forte e corpulento "como um touro". Ainda nas palavras de Rondon, Júlio fingia-se de doente quando os problemas eram muitos. "A ponto de ter eu ameaçado deixá-lo na floresta." Os homens emagreciam — Roosevelt perderia 15 quilos —, mas Júlio continuava gordo. O soldado Paixão, "de sangue negro", flagrou Júlio pelo menos duas vezes roubando comida. Deu-lhe uma surra, humilhando o ladrão, que reagiu a bala e o matou, fugindo em seguida para o mato.

— É preciso ir atrás de Júlio, prendê-lo e matá-lo! — grita Roosevelt.

— No Brasil, isso é impossível. Quem comete crime é julgado, não é assassinado — respondeu o sertanista.

— Quem mata deve morrer. Assim é em meu país!

Lira, um tenente brasileiro integrante do grupo, não se contém e ironiza:

— Ele pensa que ainda é presidente.

— Pois bem, meu querido coronel Rondon, cumpra-se a lei de seu país — resignou-se Roosevelt.

Rondon mandou dois guias procurarem Júlio, mas o soldado não foi encontrado. Julgado não foi. No livro *Through the Brazilian Wilderness*, Roosevelt ignorou essa discussão. E deu outra versão do fato. Afirmou que não era possível perseguir o assassino, pois o pessoal tinha de usar todas as forças para continuar a expedição. Se o grupo estivesse num lugar civilizado, teria se esforçado para capturar Júlio e entregá-lo à Justiça.

No livro de Esther de Viveiros, Rondon lembra do fato de Roosevelt nunca deixar de escrever nos acampamentos, sem se incomodar com os mosquitos e as abelhas. "Por cada palavra sua (sobre a viagem), jornais dos Estados Unidos pagavam um dólar."

Ao final da expedição, o rio das Dúvidas, rebatizado de rio Roosevelt, foi registrado como afluente do Madeira. O grupo catalogou 2.500 aves e 500 mamíferos, batráquios e peixes. O ex-presidente Roosevelt voltou debilitado para Nova York, o seu "acampamento". Lá, fez elogios ao sertanista brasileiro. "Só conheci em minha vida dois grandes coronéis: Rondon e aquele que tomou o Panamá", dizia em palestras e entrevistas. "*I took Panamá!*" ("Eu tomei o Panamá!"), explicava. E, nas conversas sobre seus "grandes feitos", Roosevelt passou a se orgulhar de ter completado 1.600 quilômetros do antigo rio das Dúvidas. O "caboclo" Kermit, como o ex-presidente passou a chamar o filho, morreria anos mais tarde, numa expedição ao Alasca. Há uma versão de que a viagem ao Brasil debilitara a saúde de Roosevelt, enfraquecendo sua voz e acelerando o seu envelhecimento. Morreu em 1919. Naquele ano, Rondon perdia seu cão predileto,

Cahi. "Perdi dois entes queridos", se queixou o sertanista. A afirmação não é uma ironia, garante Rondon em suas memórias.

*

Ao chegarmos com Possuelo de volta à confluência do rio Branco com o Itaquaí, fomos informados de momentos de tensão vividos na noite anterior pelos que haviam ficado nas embarcações. O tempo prejudicara a comunicação deles conosco pelo rádio e, na falta de notícias, soltaram a imaginação e *viram* traficantes colombianos se juntando a índios flecheiros. Nesse isolamento, alguns mateiros lembraram de histórias de "coisas terríveis" ocorridas na Amazônia, como onças devorando homens, sucuris e mapinguaris. No clima criado por essas narrativas, qualquer balanço de árvore na beira do rio causava sobressalto. O ambiente ficou tão pesado que eles se assustavam até com o ronco do motor do barco e chegavam a confundi-lo com o bufar de um monstro saindo da água. Numa das embarcações, um integrante do grupo passou por um momento de pânico ao entrar no banheiro: sentiu algo estranho em seu rosto e começou a gritar. Até mateiros experientes se desesperaram. Um deles chegou a saltar para dentro do porão do barco, batendo com a cabeça no assoalho. No entanto, o que havia no banheiro era... uma barata.

*

Os mosquitos, o calor — ou o frio —, a roupa molhada e as coceiras nas pernas tornam quase insuportáveis as noites na selva. Mas o desconforto e as reclamações desaparecem na manhã seguinte. Acordar com o sol tentando romper a cerração que cobre a água e a floresta faz você esquecer a noite maldormida.

A mudança de estações é bem marcante na Amazônia. Na época da cheia, as águas entram pela mata, obrigando bichos e homens a se refugiarem nas partes mais altas. Quando os rios baixam, a partir de junho, os ribeirinhos correm de volta para as terras próximas à água.

Mas, tanto na cheia quanto na vazante, não é fácil para os moradores da região encontrar trabalho. Por isso, a perspectiva de viver três meses na selva com o sertanista não é para eles o mesmo pesadelo que era embrenhar-se na mata a serviço das madeireiras. O mateiro José Francisco de Souza, 23 anos, por exemplo, um dos integrantes da expedição, lembra que passou temporadas de mais de nove meses na selva, cortando árvores. Recebia 70 reais por mês, quase três vezes menos do que vai ganhar no trabalho com o indigenista. Não tinha roupas e calçados apropriados nem espingardas para caçar ou defender-se de animais perigosos. Possuelo deu a ele e aos demais todas essas coisas.

Morador de São Rafael, povoado onde mora Soldado, aos 10 anos José Francisco começara a trabalhar para madeireiros brasileiros e peruanos.

— Com essa idade, eu ajudava meu pai a capinar e tirar cipó; cortar madeira mesmo, só com 12 anos.

Depois de longos períodos na mata, pai e filho voltavam com apenas uma pequena parte do dinheiro ganho no corte de madeira, pois nos acampamentos tinham de comprar comida em barcos dos próprios madeireiros. Os preços eram mais altos do que na cidade.

Com a extinção das madeiras nobres e com o aumento da fiscalização pública na região de São Rafael, a indústria ilegal de madeira passou a contratar cada vez menos ribeirinhos. José Francisco diz não ter saudades dessa época. Trocou o trabalho de corte da madeira pelo de fabricação de farinha de mandioca. Com a ajuda da mulher, consegue produzir até 100 quilos por mês, o que garante à família uma renda mensal de 100 reais, fora o que ganha com a venda de peixes na feira de Benjamin Constant.

— Sem madeira, para mim está tudo bem.

*

O *Etno* é abandonado pela expedição na terceira semana de viagem. Com as águas do rio baixando, os tripulantes do barco são acomodados no *Waiká*, no *Kukahã* e no *Sobralzinho*. E quanto mais avançasse em direção às cabeceiras, mais embarcações ficariam para trás. Os ribeirinhos aproveitam a volta do *Etno* à base da Funai, em Atalaia do Norte, para mandar mais cartas a familiares e amigos.

A impressão é de que os índios suportam mais facilmente a distância de casa. Ficam sempre juntos, afastados dos ribeirinhos. No *Sobralzinho*, onde a maioria dos matises viaja, não há gente reclamando da saudade de parentes. Entretanto, ao ver os ribeirinhos escrevendo cartas, Ivan Uaçá diz ter vontade de se alfabetizar para poder, numa próxima expedição, mandar correspondência aos amigos da aldeia que sabem ler e escrever.

— Quando eu voltar pra aldeia, vou aprender a escrever carta.

A estatura de Uaçá é de menos de 1,60m. Está longe de ser um dos mais altos índios da expedição. Aos 22 anos, não é o mais velho nem o mais carismático do grupo, mas tem, ao se relacionar com as pessoas, o mesmo jeito risonho dos demais matises. Admite saber pouco sobre as histórias dos pais, tios e avós, mas tem a responsabilidade de identificar para os indigenistas quais galhos foram quebrados por anta ou gente no interior da mata.

A criação do mundo, na interpretação do povo matis, só costuma ser transmitida às pessoas de fora da aldeia até a parte da história contada por sua mãe: Uma criança surgiu de uma cabaça encontrada na floresta, e aí apareceu o primeiro homem. Mais nada. Apesar de saber pouco sobre seu povo, Uaçá é o índio mais procurado pelos brancos quando querem saber sobre a vida e o costume dos matises de perfurar nariz e orelhas.

Tiemã, o mais experiente dos matises da expedição, sabe muito das tradições, mas é pouco procurado. É que, diferentemente de Uaçá, Tiemã não fala o português. Mesmo garantindo não ter pretensões de chefiar a aldeia onde mora, passou a manter uma postura de austeridade e evitar as brincadeiras dos colegas de sua idade. Os indigenistas, que contam com o auxílio de Uaçá para passar instruções mais delicadas aos índios, confessam estar no maior "cipoal". Eles precisam de Ivan para transmitir informações aos outros sobre os riscos do trabalho na selva, mas não podem passar por cima das tradições dos matises. Os índios têm definidas as posições sociais de cada um na aldeia e as características necessárias para alguém exercer a liderança na comunidade. Para evitar complicações, Possuelo passa instruções a Uaçá na presença dos mais velhos. Ele tenta conversar com o índio como se estivesse conversando com um intérprete. E, várias vezes ao dia, procura e cumprimenta o calado Tiemã.

Nem sempre é nem foi assim. O Império concedeu a patente de capitão a muitos índios como forma de controlar e apressar a "civilização" das tribos. Esse prática se manteve no século XX, quando indigenistas do SPI avaliaram que negociar com capitães nomeados por eles mesmos facilitava o trabalho nas comunidades indígenas. Com o estreitamento das relações entre as aldeias e os brancos, mais força ganhavam os capitães. O poder desses "oficiais" paralelamente ao dos caciques significou o fim de muitas tribos.

*

— Sydney, eu posso ir, mesmo para morrer! — grita Madô Kanamari, chamado de Remi pelos brancos, quando o sertanista volta a desembarcar na aldeia Remansinho, 23 dias depois da saída da base da Funai em Atalaia do Norte. Ao saber que Possuelo estava recrutando mais guias e mateiros para ajudá-lo no trabalho na selva, Madô se candidata. Nos olhos dele e dos demais homens da aldeia brilha o desejo de acompanhar o homem barbudo. São raras as oportunidades de um índio sair de sua aldeia e conhecer outras paragens, outros rios.

O sertanista sabe que os kanamaris têm a mesma visão dos ribeirinhos e madeireiros em relação aos povos isolados: inimigos perversos, gente que precisa ser eliminada. No processo de escolha de novos guias e mateiros, tenta mudar a visão destes sobre os flecheiros. A tarefa é difícil. Afinal, os kanamaris sabem que os flecheiros ocupam uma área onde há mais mutum e jacamim e vivem perto de rios com mais peixes e praias cheias de ovos de tracajá.

Os flecheiros causam arrepios mesmo aos mais corajosos guerreiros kanamaris. São muitas as histórias de pessoas mortas pelas flechas dos isolados. Se, mais a jusante, o rio tem poucos bichos, a montante há os índios "brabos" impedindo boas pescarias e caçadas. Os kanamaris estão acuados entre a civilização e a selva e sonham expandir seu território.

— Pode subir muito, não. Flecheiro já acertou parente nosso lá pra cima — é a advertência que faz a Possuelo o cacique de Remansinho.

Desta vez com o grupo completo, o sertanista é recebido com festa pelos kanamaris. Crianças e mulheres correm para a praia. Os adultos cortam galhos e fazem estacas para fincar na areia e segurar as cordas das embarcações. Todos querem participar. Uma jovem da tribo oferece aos visitantes uma bebida fermentada de mandioca chamada kuiá, ou caiçuma. Ao distribuir a bebida, ela canta. As mulheres e meninas da aldeia disputam quase a tapas os facões e machados levados pelo pessoal da expedição.

Briga maior ocorre entre os homens. Vale tudo na hora da escolha dos novos integrantes da expedição. Aos 25 anos e porte de quem agüenta carregar peso na selva, Madô, o Remi, consegue entrar na lista de Possuelo. A princípio, o sertanista hesita em levar Narean Kanamari. O índio se posta diante dele. Braços cruzados e olhos voltados para o chão, o kanamari não esconde a timidez.

— Você agüenta? — pergunta o sertanista ao índio.

Narean, que meses depois demonstraria ousadia e temeridade ao seguir pelo caminho aberto pelos flecheiros na selva, esboça um sorriso. Um silêncio toma conta da roda em volta do sertanista. Todo mundo sabe da fraqueza de Narean para uma empreitada como aquela. Mas a magreza do homem e sua cara de vítima acabam pesando a seu favor. Vai seguir viagem. Makowana, chamado de Alfredo pelos brancos, que estaria ao lado de Narean no fatídico dia da entrada na aldeia desconhecida, também é escolhido. Na lista são incluídos Tiuí, o João, e Iodi, o José.

Biju Kanamari, 18 anos, é um dos poucos índios da aldeia de Remansinho a não entrarem na disputa por uma vaga na expedição. Ao lado da mulher, Nohan, 22, e do filho Dauhá, de cinco meses, ele apenas pede aos indigenistas uma carona para a família até a aldeia de Massapê, rio acima. Na primeira parada dos barcos, em uma praia do Itaquaí, antes de chegar a Massapê, Biju deixa a mulher e a criança no convés do barco *Kukahã* e ajuda os demais homens a retirarem mercadorias e bagagens da umidade dos porões dos barcos e colocá-las na areia para secar.

À noite, Biju espalha para todos o nome branco de seu filho — Sydney. Daí em diante, Biju faz insistentes pedidos a Possuelo para incluí-lo no grupo. No dia seguinte, o índio é visto usando roupas camufladas e tênis, como os demais mateiros. A mulher dele e Sydney — a criança — ficariam em Massapê.

*

Uma semana antes do previsto, a expedição abandona mais dois barcos, o *Waiká* e o *Kukahã*. Tudo se torna mais precário e difícil. Agora, os homens viajam no pequeno espaço das canoas e no *Sobralzinho*, a única das quatro grandes embarcações que ainda consegue subir o rio. As águas do Itaquaí baixam com rapidez, avisam os proeiros. É no *Sobralzinho* que o grupo alcança Massapê, na última semana de junho.

Quando você chega a uma aldeia kanamari, recebe um nome na língua indígena. Em Massapê, sou chamado de Hiwú Kanamari pelos índios. Hiwú (pronuncia-se Reuô) foi um cacique da tribo que morreu há mais de dez anos. É uma satisfação ser informado do perfil do antigo cacique: um homem alto, "bonitão" e, como todo chefe, responsável pela escolha do dia de plantar.

— É melhor ser cacique que ir roçar — garante o índio Madô Kanamari, um dos moradores mais antigos do lugar, homônimo do mateiro Madô contratado para a expedição em Remansinho.

— Hiwú, você sabe como é a história velha? — pergunta Madô. E prossegue: — Primeiro Deus fez o índio. Um dia depois, Ele fez Adão. Aí, tinha Maria. Ele comeu fruta azeda sem permissão de Deus. E tinha Noé. O barbudo Noé fez uma grande canoa de itaúba para colocar os bichos dele e os filhos. Índio não entrou na canoa. Deus não deixou. Veio a água. O índio foi para a parte mais alta (da terra). Essa é a história, Hiwú.

Depois de explicar a gênese, Madô desce o barranco, convida-me a entrar numa pequena canoa e, juntos, atravessamos o rio. Ele mora no outro lado do rio. É responsável pela fabricação de todas as embarcações usadas em Massapê. Vive ali com a mulher, quatro filhos e nove netos. Todos o ajudam na fabricação de canoas. O pequeno estaleiro ocupa um dos cômodos da grande palafita. Vestidas com roupas remendadas, as crianças e mulheres passam o tempo entre os afazeres domésticos, a fabricação de cestos de palha e animais de madeira e os serviços no estaleiro.

Madô reclama dos preços de uma embarcação para cinco pessoas no comércio da região. Não passa de 20 reais. O longo trajeto torna inviável levar as canoas para Tabatinga ou Benjamin Constant, cidades mais próximas da aldeia.

— Eu sabe fazer canoa, eu sabe fazer remo, depende da pessoa querer. Mas o preço não paga o trabalho.

A mulher de Madô mostra sua arte: miniaturas em madeira de tatus, pacas, veados, capivaras, botos e beija-flores. No fim da tarde, retornamos para o centro de Massapê.

*

A expedição pernoita em Massapê. Na parte mais elevada, não faltam palafitas abandonadas para os mateiros e indigenistas armarem as redes. Muitos índios tinham descido o rio para recolher ovos de tracajá nas praias do Itaquaí e dos igarapés. Por volta de 22h, queixadas domesticadas entram sob as casas em que estão instalados os integrantes da expedição: mais uma noite de insônia para muitos de nós.

De manhã, o gol de Ronaldo contra a Turquia em partida da semifinal da Copa do Mundo de Futebol é comemorado pelos poucos homens que estão dentro do posto da Funai no centro da aldeia. Atraídas pela gritaria da comemoração, crianças kanamaris correm para espiar pelas frestas do barracão. Para conseguirmos ouvir no rádio a transmissão do jogo, era necessário que um homem ficasse permanentemente com uma das mãos na antena. Aos 32 minutos do segundo tempo, quem segurava a antena se descuidou, e daí em diante nada mais foi possível ouvirmos. Por sorte, um rádio no barco *Sobral* está funcionando.

O pessoal escuta a transmissão do jogo enquanto prepara as embarcações para seguir viagem em direção às nascentes do Itaquaí. O Brasil vence a Turquia por um a zero, gol de Ronaldo.

Os indigenistas fazem uma proposta ao índio Puruia Kanamari, dono de uma canoa. É um senhor gordo, vestido sempre com blusa comprida. Por 200 litros de gasolina, o kanamari aceita levar em sua canoa parte dos homens da expedição até as cabeceiras do rio.

— Um bom negócio — ri Puruia.

Gastara mais de um mês para cortar, esculpir e queimar um tronco de angelim para fazer a canoa. Quatro parentes o ajudaram. A embarcação tem 12 metros de comprimento e 1,5 metro de largura no centro. A mulher de Puruia e outras da aldeia fizeram a tampagem da canoa com cipó e folhas da palmeira caranã. É um abrigo e tanto contra o sol forte do meio-dia.

Antes de 11h, a expedição deixa a aldeia de Massapê. Os homens sobem o rio no barco *Sobral*, nas três canoas motorizadas da Funai e na canoa alugada do índio Puruia. O kanamari acaba levando também dois netos menores — outros tiveram que ser retirados da embarcação pelos indigenistas na hora da partida.

O rio fica cada vez mais estreito e mais raso. Os homens têm dificuldade para levar o *Sobral* às cabeceiras do Itaquaí. Troncos e galhos impedem o avanço. A cada passagem interrompida, os mateiros se jogam na água para empurrar o barco. Danilo, piloto da embarcação, tenta fazer as manobras segurado pelo indigenista Paulo Welker. O *Sobral* estremece como se tivesse batido num tronco. As caixas e os sacos de mantimentos escorregam, vão de um lado a outro. A embarcação encalha em galhos e troncos. O pessoal amarra cordas para puxar o barco no rio raso e cheio de mato. Usam facões para abrir caminho na galharia. Esquecem-se do perigo que representam as cobras. Os mateiros gritam, usam toda a força possível. A cada desobstrução da passagem, surge um novo obstáculo.

O *Sobral* não vai prosseguir por muito tempo. Na tarde do dia seguinte, é deixado para trás. Só as canoas continuam a navegar, e com dificuldade, nas águas rasas e repletas de paus. Nesse trecho, o Itaquaí nada lembra o rio caudaloso do início da viagem.

Os indigenistas e mateiros passam a noite em um acampamento montado à margem direita do rio. O local é escolhido por Mauro Fortes, que estava na canoa da frente. No jantar, o pessoal come sardinha e o arroz pastoso de sempre. A noite pelo menos é tranqüila, sem piuns, formigas ou sinais de traficantes.

*

Antes de alcançar as cabeceiras, a expedição chega a Pedras, última comunidade kanamari. Dez tapiris — construções cobertas de palha — se enfileiram numa área situada a 50 metros de altura em relação ao rio. Os índios da aldeia Pedras mantêm o terreiro limpo. Os animais domésticos ficam presos. A curva do rio, lá embaixo, é a paisagem vista das redes amarradas nos tapiris sem paredes ou janelas. Pedras é a comunidade kanamari mais distante da cidade de Tabatinga pela rota do Itaquaí. Parece ser a mais alegre às margens do rio. As crianças riem mais, há brinquedos de madeira no terreiro, e há serenidade no rosto das mulheres, especialistas na confecção de cestos de cipó titica, um artesanato de precisão e habilidade. Sem porcos sujando o terreiro diante das casas, o aspecto de Pedras é um contraste com o da aldeia de Massapê.

— Quanto mais isolado, mais solidário é o índio — comenta Possuelo enquanto distribui presentes às mulheres e crianças da comunidade. Ele entrega pilhas de rádio, facões, enxadas, panos e linhas e agulhas de costura. A distribuição dos presentes é feita sem a confusão e o tumulto vistos nas outras aldeias.

Recebidos em Pedras com caiçuma e pencas de banana, os indigenistas decidem pernoitar nos dois tapiris oferecidos pela tribo. Na manhã seguinte, prosseguiriam a viagem rumo às cabeceiras.

Também em Pedras, os kanamaris não contam com assistência médica do governo. Na última visita à aldeia, há três meses, os médicos da Funasa deixaram uma caixa de remédio contra "dor e diarréia", informa Nideia Kanamari, um chefe local.

— A gente só não é índio isolado porque é manso e não gosta de insosso (comida sem sal) — reclama Nideia.

Depois, o kanamari Nideia interrompe a conversa e, com um galho, escreve seu nome no chão varrido da aldeia.

— Eu sei um pouquinho palavra de branco.

Conta ter aprendido em apenas dez dias a assinar o nome na terra e, quando havia lápis, no caderno. Com o gesto, o índio quer mostrar aos visitantes que tem condições de se tornar auxiliar de enfermagem da comunidade.

— Agora, tem uma lei proibindo auxiliar de enfermagem brasileiro em terra de índio. Se precisar, eu sei ler nome de remédio.

Era garoto quando viu o pai morrer. O pai caiu e morreu. Não lembra a fisionomia da mãe, que morreu na mesa de cirurgia num hospital de Manaus.

— Meus dois filhos conhecem pai e mãe.

No fim do dia, Nideia ajuda os mateiros da expedição a prepararem carne de queixada. Depois do jantar, o pessoal se recolhe. Uma noite tranqüila seria necessária antes do início da segunda fase da viagem, que será por terra. Com a noite, a constelação do Cruzeiro do Sul entra no recorte de firmamento visível das redes dos tapiris. A curva do rio, lá embaixo, parece um prolongamento da noite e do azul do céu limpo.

Nas mãos dos índios, começam aos poucos a aparecer lanternas que não eram ligadas havia tempo. Adultos e crianças passam a correr de um lado para outro, direcionando o facho de luz para quem está dentro ou fora dos tapiris. Um rádio velho, até então encostado no canto de uma das casas, volta a funcionar. A noite é das lanternas e do som de um forró improvisado pelos índios. Possuelo recomenda aos brancos não participarem da festa. Nosso sono teria sido melhor se a distribuição de pilhas aos moradores fosse feita na manhã seguinte.

*

Pela manhã, a expedição retoma a viagem. Vou na canoa do índio Puruia Kanamari. As instalações a bordo não chegam a ser confortáveis. O rústico toldo de folhas de caranã da embarcação limita a visão de tripulantes e passageiros. E o viajante é obrigado a se acomodar em meio a sacos de farinha, enlatados e peixes secos.

Quando Puruia Kanamari encosta a sua canoa para almoçarmos, a proa bate em troncos de embaúba, na praia, infestados de formigas-de-fogo. Taxis e tracuás se abrigam nos galhos e folhagens arrastados pela correnteza do rio. O pessoal é obrigado a tirar e sacudir a camisa e a bater pés e mãos para se livrar das formigas. A alternativa seria mergulhar no rio de piranhas e arraias.

Na canoa em direção às nascentes, escrever é para mim mais que uma tarefa profissional. Anoto nos blocos atingidos pela umidade da floresta qualquer cena, mesmo aquelas sem importância, que dificilmente vou aproveitar. Escrever é manter vínculo com o mundo lá fora, com a cidade. Notícias sobre parentes, amigos e colegas de trabalho vão se tornando cada dia mais escassas e inacessíveis. E quando chegarmos às cabeceiras, as baterias deixarão de ser regarregadas, e o telefone via satélite e o computador serão desligados. O isolamento será quase total. As pessoas mais próximas — índios e ribeirinhos — têm outro vocabulário, com palavras bem diferentes das anotadas nos cadernos que guardo em sacolas plásticas e em meias para protegê-los da água.

Na manhã de 29 de junho, terminam o contrato de aluguel da canoa de Puruia Kanamari e a primeira fase da viagem. Até aqui, navegamos 1.353 quilômetros em lanchas e barcos motorizados pelos rios Itaquaí e Branco e pelo igarapé São José. Três homens levariam de volta as canoas à base da Funai em Atalaia do Norte, já que a viagem agora será por terra. Mateiros e índios se apressam a escrever mais cartas para seus parentes e amigos nas comunidades ribeirinhas e aldeias.

Biju Kanamari, que em Remansinho pedira carona aos indigenistas até Massapê e colocara a mulher e o filho no barco, mistura português e katukina — língua aprendida em uma escola indígena — e escreve a Horri (Nazaré), uma "prima" que mora em Massapê:

"Inobok ikonikanaro waboh. Horri Nazaré Kanamari. Mawak aduk esobok. Tanha dahudik aduk wabok nowak mak. Sampo, causau, deadema, baton, emaude, kahotsau, breko. Inobon menha wabok nopatukna. Bapoki ikonikaro. Nome Biju Marçu Kanamari. Aduk teideki damura tekiniwu tsoboh. Ikaudak aduk tsabok Horri."

A tradução da carta seria mais ou menos assim: "Estou mandando carta para você. Horri Nazaré Kanamari. Sinto saudade. Eu vou trazer coisa. Mandarei mesmo. Xampu, calção, diadema, batom, esmalte, calça e brinco. Não vou falar mais, não. Terminou minha conversa. Biju Márcio Kanamari. Entrarei no mato. Eu vou chorar, Horri."

Scott Wallace, repórter da *National Geographic*, tem dúvidas se aguentará a fase terrestre da expedição. Pensa em voltar para Tabatinga. O trabalho dele é fazer um perfil de Possuelo, e entende que, para isso, seria melhor andar com o indigenista na mata. Tenho a impressão de que basta estar bem para ultrapassar os obstáculos da selva. Digo isso a ele. Depois de uma conversa com o sertanista, Wallace decide continuar. Embora tenha trazido na bagagem muita roupa comprada em Nova York, recorre a Paulo Welker para conseguir um par de tênis e uma calça apropriados.

Quando estivermos fazendo o percurso por terra, sem dispor do telefone instalado no barco, não poderei mais enviar textos diários para São Paulo, até agora ditados por telefone ou transmitidos pela internet. Pela rota provável da expedição, o grupo percorrerá 125 quilômetros em linha reta. Nas margens do rio Jandiatuba, ponto final da caminhada, os mateiros vão

construir novas canoas para descer o curso d'água. Em sobrevôos da área da provável caminhada, o sertanista havia registrado 14 malocas isoladas, possivelmente de flecheiros. Na
eventualidade de registro da proximidade dessas malocas pelo
GPS, serão feitos desvios de rota que aumentarão o percurso.

Quando a Seleção Brasileira entrar em campo para disputar
com os alemães a final da Copa do Mundo de Futebol, o grupo
estará isolado na mata.

2

— Deus não andou por aqui, não — diz, exausto, o cozinheiro Mauro Fortes ao toparmos, na caminhada, com outro morro de mais de 40 metros de altura, coberto por densa vegetação de arbustos espinhentos e tomados por ferozes formigas da floresta. Drama do verão amazônico, as picadas dessas formigas inflamam a pele das mãos, dos pés, das pernas, do pescoço. Fortes conta 20 elevações no primeiro dia de caminhada. Percorremos uma sucessão de morros altos, separados por igarapés e buritizais lamacentos. Os homens estão ansiosos por deixar o Itaquaí e passar para o Jandiatuba, mas as dúvidas se multiplicam à medida que se fazem indagações sobre as condições da selva. O percurso não é conhecido nem pelos mateiros kanamaris.

Penoso é você tentar calcular o tempo que vai demorar para sair da mata e chegar ao outro lado, ao outro rio. Os ponteiros do relógio parecem estar parados. E quanto mais anda na selva, mais você sente peso nas costas. A carga das mochilas da maioria dos mateiros limita-se ao essencial para facilitar a caminhada, mas, com os enlatados e os sacos de farinha, cada um carrega nas costas até 40 quilos.

Na mata espessa, as brechas de entrada de luz solar são mínimas. Quando há uma abertura entre a galharia das árvores, os homens direcionam o rosto para o sol. Na floresta de sombra, quente e úmida, você transpira muito, nem sente necessidade de urinar. Ziguezagueando entre cipós e troncos apodrecidos, as pernas se movem como por instinto, e você segue em frente.

O trabalho indigenista tem semelhanças com o dia-a-dia de um guerrilheiro: não acampa por muito tempo no mesmo local e está sempre alerta aos movimentos à sua volta. É preciso conhecer minuciosamente os códigos da mata. Pegadas, restos de comida, pedaços de cerâmica, simples detalhes podem ser sinal de índios isolados. Há muitas diferenças entre o galho quebrado por uma anta, o galho quebrado pelo vento e o galho quebrado pelo homem desconhecido.

A resistência física de Possuelo não denuncia a idade que tem: se dependesse dele, só pararia para observar sinais dos isolados.

— É que o coração não envelhece como as pernas.

O sertanista, Soldado e Tiemã compõem o grupo da frente, que abre picada e define o trajeto da expedição. Seguimos pela trilha aberta por eles.

Após um dia de caminhada, um mateiro pergunta ao outro se sabe quando Possuelo vai dar ordem de parar. O sertanista escolhe sempre uma área seca na beira de um curso d'água para montar acampamento. É preciso reunir novas forças para limpar os espaços onde serão armadas as redes.

Para quem vem na retaguarda da caminhada é um alívio e um prazer ver, lá na frente, no verde da floresta, o pedaço de lona azul do primeiro rancho levantado na área escolhida para dormir pelos que vão à frente. Mateiros saem para caçar, outros

cortam os arbustos e a vegetação em volta de árvores centená-
rias. Cada homem monta seu rancho. Um galho é amarrado
com cipó entre duas árvores para servir de base à rede e à lona
azul usada como proteção nas noites de chuva.

Tomar um banho no córrego nos dá novo ânimo depois de
um dia de caminhada. Quem está com a roupa grudada no corpo pelo suor e com o rosto sujo de barro pouco se importa com
o frio da água, os possíveis peixes elétricos e a vegetação espinhenta da margem. Os mateiros se equilibram em troncos e nos
barrancos do igarapé para se ensaboar e se lavar recolhendo a
água com a caneca de tomar café.

*

Mesmo dispondo de enlatados e cereais, os homens têm de se
alimentar preferencialmente de carne de caça, pois a comida in-
dustrializada é uma reserva. Se nas margens dos grandes rios há
fartura de capivaras, porcos-do-mato, aves e piranhas, aqui há apenas macacos, uma carne que muitos evitam comer. Mas, durante
a caminhada, praticamente só haveria macacos na panela.

Na caçada daquele dia, o mateiro Raimundo Lima aponta a
espingarda para o alto de uma samaúma, mas logo percebe que
a macaca guariba na árvore está com filhote.

— Tá com filho — diz a outro mateiro.

— Atira! — ordena Possuelo, que estava perto.

Raimundo vacila.

— Na selva, não tem lugar para sentimentalismos! Atira,
homem! — volta a gritar o sertanista.

O som do tiro ecoa na floresta, a mãe guariba cai, mas o filhote consegue escapar.

A reação de Possuelo à hesitação do mateiro Raimundo Lima prenuncia, na avaliação do pessoal, dias de intenso racionamento da farinha e do arroz levados nas bagagens. É difícil prever até quando o corpo suportará a escassez de comida e o esforço exigido nas caminhadas.

No fim da tarde, Raimundo e outros mateiros encarregados da caça voltam ao acampamento trazendo macacos barrigudos e guaribas. A carne de macaco é dura, demora a amolecer no fogo. Nem todos os homens gostam do cheiro que vem dos panelões. Os cozinheiros servem o jantar às 23h30. Uma segunda fogueira é acesa para secar as roupas encharcadas nas travessias de igarapés e trechos úmidos da floresta. O pessoal afasta das panelas cheias de macacos as calças, as camisas e os calçados molhados.

Tempos depois, ao comentar com Possuelo o episódio da caça, ele reclamou:

— Você pensa que sou desumano e malvado, não leva em conta a circunstância.

*

Cada integrante da expedição possui colher, prato e caneca esmaltados. Quem deixa a colher cair no igarapé ou perde o prato na travessia da mata tem de tomar caldo de carne de macaco na caneca. Isso ocorre com freqüência. É preciso cuidado.

Nas caminhadas, os kanamaris são alvo constante de reclamações dos mateiros brancos ou de matises. Quando some um talher, culpam logo um kanamari, que não é visto como índio nem como branco. Um mateiro desconfia, numa tarde, que um desses índios teria roubado a caneca de outro guia. A desconfiança só se desfaz quando o índio é visto usando uma lata vazia de leite condensado para tomar o ralo café preparado por Mauro Fortes.

No primeiro dia, o grupo anda pouco mais de duas horas. No segundo, sete horas e meia, percorrendo 3,6 quilômetros em linha reta, segundo o registro do GPS. Esse percurso, pela estimativa de Possuelo, levando em conta os desvios de riachos, terrenos pantanosos e árvores tombadas, equivale a cerca de 7 quilômetros.

Equilibrar-se nas pontes improvisadas sobre os igarapés, desatolar a perna da lama e perder o medo dos bichos são proezas que vão se tornando menos difíceis com a repetição. A adaptação ao ambiente ocorre de forma gradual. Para proteger os olhos contra os espinhos, passo a utilizar óculos escuros, mas isso dificulta ainda mais a visão dentro da floresta. Tudo, no entanto, é uma questão de prática. Difícil é suportar a demora para se alcançar a margem do outro rio.

*

O pessoal fica até de madrugada conversando em volta da fogueira quando tem chaleira com cipó cravinho esquentando no fogo. Voltam a contar histórias do mato e do sertanismo.

Nessas noites, Tiemã Matis costuma cantar músicas da caiçuma — bebida fermentada de mandioca —, da anta e do jabuti. Os cantos são longos, com refrões repetidos e sem intervalos. No banco perto da fogueira, o índio faz uma pausa e conta quando viu um *uaçá* (homem branco) pela primeira vez. Ivan Uaçá, que tem esse nome por causa da pele mais clara, atua como intérprete do amigo Tiemã, que fala poucas palavras em português.

Tiemã conta que, escondendo-se atrás de árvores, acompanhou durante horas um caçador (branco) na floresta. Ficou fascinado com o animal diferente que acompanhava o *uaçá*. Soube mais tarde que o bicho era um cachorro. O matis tinha tanto interesse em possuir um animal como aquele, para acompanhá-lo nas caçadas de jacus e mutuns, que mais tarde, nos anos 1970, resolveu se aproximar do grupo de um sertanista chamado Pedro Coelho, que tentava contato com o seu povo.

— A gente viu caçador usando terçado e cachorro no mato e gostou muito — diz Tiemã. — Queria caçar assim também, né.

Ivan Arapá era menino nessa época. Achava que os *uaçás* eram pessoas boas.

— Quem dava machado não podia ser gente ruim.

Ao se aproximar dos *uaçás*, Tiemã e Arapá foram informados de que o gigantesco pássaro, veloz demais para ser morto por um matis, não tinha penas. Os brancos disseram a eles que era inútil atirar flechas ou soprar zarabatanas para o alto. O pássaro mais cobiçado pelos guerreiros matises não era um pássaro. Nessa ocasião, ficaram sabendo como funciona um avião, quantos homens entram no pássaro que não é pássaro e como fazem para controlar suas asas, seu bico e seu estrondo.

— *Uaçá* sabe fazer avião. *Uaçá* então é homem muito forte — diz Arapá. — Quando matis era brabo, avião pássaro grande. Tinha medo não.

Em outra noite, Tepi Matis convidou alguns brancos para irem ao rancho dos matises no acampamento. Ali, os índios riam e exibiam, orgulhosos, a fartura de carne de caça no jirau. Imagino que pessoas da cidade, embora vejam com naturalidade pedaços de carnes nos ganchos dos açougues, sentiriam horror diante deste espetáculo de braços, pernas e cabeças de macacos dependurados na armação de madeira acima da fogueira. As labaredas sobem pela carne vermelha dos macacos, caçados naquele dia pelos mateiros. Quando a carne de macaco é cozida na água, é difícil não sentir a distância o seu cheiro, que para muitos é desagradável. Assada, ela exala menos odores.

Pela lei ambiental brasileira, é permitido caçar animais silvestres em trabalhos de selva como uma expedição indigenista. Tepi é o primeiro a pegar um crânio de macaco para comer. Com 30 anos e de estatura baixa como a maioria dos matises, ele é um dos mais simpáticos, está sempre sorrindo, faz brincadeiras até nos momentos de tensão, apesar da tragédia que marcou sua vida. Tepi, na infância, estava destinado a ser um xamã em sua aldeia. Chegou a aprender com os velhos feiticeiros alguns segredos da tradição, mas o aprendizado foi interrompido quando muitos adultos da tribo, inclusive os pajés, foram mortos por epidemias transmitidas pelos brancos.

Como as redes ficam a pelo menos três metros das fogueiras acesas no centro do acampamento, o pessoal tem de acender lanterna ou toco de vela para retornar aos ranchos após o jantar. Quem perde a lanterna tem que se guiar pelo instinto na escuridão.

As noites se tornam mais longas durante as esporádicas mas fortes chuvas do período de junho a dezembro. O barulho de galhos e árvores caindo chega a ser assustador.

Houve noite em que tive de dormir ao relento. Mal deitei na rede, e surgiram formigas tracuás nas cordas e no mosquiteiro. O pessoal já estava dormindo, e eu tinha esquecido a lanterna de pilha na cozinha. A única alternativa era retirar a rede do local infestado pelas tracuás, limpá-la e amarrá-la nas árvores próximas à fogueira. A fumaça era densa, o desconforto era grande. De madrugada, começou a chover, e não havia lona para proteger a rede. Quando as nuvens foram embora, eu estava ensopado, mas a ausência da lona me permitiu a visão de um céu que na cidade não existe, com muito mais estrelas, inclusive estrelas cadentes.

*

Nada pode ser pior durante a caminhada do que ferir os pés. Por isso, muitos mantêm a concentração a cada passo, acreditando que a força da mente é capaz de impedir calos e bolhas. Nas paradas, alguns retiram as meias e massageiam os dedos e tendões. Qualquer princípio de bolha já é motivo de temor, pois pode se transformar em ferida. O cozinheiro Paulo Souza machuca o pé direito, mas, sem alternativa, prossegue na caminhada, apesar do fardo das panelas e outros utensílios de cozinha que cabe a ele e a Mauro Fortes carregar.

Todos reclamam dos acidentes do terreno, quase instransponíveis. Dos mapas de Possuelo, produzidos pelo Exército, não constam as características da área percorrida pela expedição. É preciso rever os planos iniciais. Morros obrigam a expedição a alterar a rota. Em vez de seguir em direção ao Jandiatuba, o grupo tentará alcançar as águas do Jutaí. Rodeado pelos índios no acampamento, Possuelo analisa mapas, olha a bússola, faz cálculos.

— Se formos pelo caminho inicial, certamente vamos gastar mais de 40 dias. Não temos comida para isso.

Com o desvio da rota, atravessamos campos mais abertos e planos no quarto dia de caminhada, e o sofrimento diminui. Mesmo assim, o cozinheiro Mauro Fortes conta 15 morros ao longo de cerca de 7 quilômetros (ou 3,09 quilômetros em linha reta) percorridos nesse dia pela expedição, em quatro horas. A distância é quase a mesma registrada nos dois dias anteriores, quando as caminhadas duraram mais de sete horas.

Volto a me angustiar com a demora: o rio Jutaí parece tão distante e inatingível quanto era, antes, o Jandiatuba. Não quero mais me incomodar com o tempo, não quero mais ficar cronometrando os minutos e as horas, imaginando quanto falta para chegarmos. E guardo na mochila o relógio de pulso. As vistas descansam da vigilância aos ponteiros, mas a mente começa a buscar outras marcações de tempo. A impressão que tenho é a de existir um relógio invisível, de leitura incompreensível. Para caminhar na selva e enfrentar cada morro onde "Deus nunca andou" é necessário o domínio da arte de ler as horas no relógio da mata.

Ao chegar ao local escolhido para montarmos acampamento, à tarde, o índio Narean Kanamari enfrenta formigas tracuás ao colher coquinhos patauás na copa de uma palmeira de cerca de 15 metros. Os coquinhos enchem uma panela de 5 litros. Makowana ajuda Narean a carregar o cacho até a fogueira, onde limpam os frutos com água. A bebida de patauá, uma fruta gordurosa, é servida fria e ajuda a enganar a fome.

Narean e Makowana, que daqui a algumas semanas vão invadir o território proibido dos flecheiros, estão mais tranqüilos e extrovertidos do que quando os conheci, há quase vinte dias. Parecem ter readquirido a habilidade de seus ancestrais na leitura dos relógios invisíveis. Entre eles, falam das mulheres, dos filhos, dos amigos e demais moradores da aldeia à margem do Itaquaí. Narean, especialmente, não parece aquele índio acabrunhado que encontrei em Remansinho.

Diferentes dos brancos, os kanamaris e outros índios parecem não se importar com o tempo que demora sair da mata nem ter receios de imprevistos, ou de não retornarem à tribo. Logo estariam de volta às suas casas. Por isso, já fazem planos para quando chegarem à cidade, onde vão comprar tecidos, agulhas e linhas para a família, e é como se fossem fazer isso amanhã, ou depois de amanhã.

*

Ao longo de mais um dia, caminhamos quatro horas num trecho com igarapés, barrancos e morros de espinhentas palmeiras de tucuns e murumurus. Após a refeição do meio-dia — farinha com carne de macaco —, a expedição enfrenta uma tempestade. Árvores tombando, água descendo dos morros, bichos tentando se abrigar nas copas. Fica ainda mais difícil subir e descer morros, e o grupo avança em um dia apenas 5,6 quilômetros — em linha reta, ou um percurso total estimado por Possuelo em 10 quilômetros.

Preciso me livrar de alguns objetos pessoais para reduzir o peso da mochila. É uma decisão difícil, pois as roupas estragam facilmente numa caminhada, e produtos como repelentes sempre são importantes, especialmente na beira dos rios, onde estão as nuvens de piuns. Distribuo objetos entre alguns dos mateiros, e ficam na mochila apenas duas camisas de mangas compridas, duas calças, um coturno, um par de chinelos, uma bermuda, dois pares de meia de futebol, sungas, produtos de higiene pessoal, a rede, o mosquiteiro, a lona e o facão.

Mesmo com a redução da bagagem, continuam penosas as subidas e descidas dos morros. É bom encontrar um buraco de bicho no barranco para servir de apoio ao pé. Estamos todos exaustos ao ponto de perdermos a noção do perigo que representam insetos e outros bichos venenosos.

Mais uma vez, as pernas se movem por instinto seguindo a trilha de folhas e galhos cortados pelos mateiros que vão na frente. Vez ou outra, o sujeito se perde, se vê sozinho na mata, sem ouvir os passos dos demais. Os mais exaustos cedem à vontade de parar, ficar quietos, não seguir os outros. E até se deitam no chão, sem se importar com o desconforto da umidade nem com as formigas, ou se encostam a um tronco. A fantástica sensação de descanso se impõe à necessidade de continuar. Essa troca da segurança pelo prazer momentâneo dura exatos 15 minutos. Tempo suficiente para as abelhas da mata grudarem em nosso corpo e sugarem nosso suor. É hora de gritar para os colegas que vão lá na frente:

— Esperem, estou indo!

*

Pela participação na expedição, os índios e ribeirinhos receberão um total de 900 reais, dinheiro só equiparado ao que ganham com a venda de peixes e melancias em muitas idas à cidade. Esse valor seria suficiente para eles comprarem munição e caçarem até surgir a oportunidade de uma nova expedição.

*

No início, pareceu estranho a brancos que nunca tinham entrado na selva o hábito dos marubos e matises de montarem seus ranchos de pernoite como se fossem passar mais de um dia ali. Para eles, não importava o fato de que levantariam acampamento no dia seguinte, o importante era viver o dia de hoje de forma completa. Limpam cuidadosamente a área escolhida. Chegam a montar um jirau para guardar a bagagem e as armas, como se a permanência no local fosse definitiva. No entanto, quando o grupo terminar a caminhada, terá montado mais de 30 acampamentos.

O exercício da paciência não é fácil. Segurar a ansiedade, também não. Na selva, é necessário aproveitar cada segundo do presente. Nada de descartar o instante com reclamações ou vontade de retornar à cidade, à civilização. O futuro só causa incômodo. O passado, às vezes, um certo arrependimento. Não há como deixar a selva antes do prazo estabelecido pelo comando da expedição. Nessas condições, você precisa aprender urgentemente a viver sozinho. Afinal, a política das relações e a boa convivência com um companheiro de expedição, obtidas num esforço de semanas, podem de uma hora para outra não servir de nada numa caminhada de muitas mudanças de humores e atitudes. De repente, o amigo ao lado esqueceria conversas fantásticas e gestos de ajuda mútua, se fecharia num mundo à parte, com atenção totalmente voltada, por exemplo, para uma forte ânsia de se alimentar, de ter farinha para comer.

Fazer amizades rapidamente com estranhos é tarefa difícil. Mais complicado, porém, é saber o quanto você depende apenas de si próprio nesse ambiente hostil. Nessa área em que nos encontramos, mesmo quem consegue manter a lucidez diante da adversidade da selva, como é o caso do experiente mateiro Soldado, está entrando pela primeira vez. O que existe adiante pode ser algo novo, que exigirá outros conhecimentos. Na floresta, não há o superamigo tantas vezes idealizado na imagem de um pai, um irmão ou um colega de trabalho. A selva expõe de maneira implacável a cada indivíduo o ridículo da crença em relações humanas perfeitas, inquestionáveis.

*

O peso da mochila e o saco amarrado com cipó e tiras de cascas de árvore às costas dramatizam a caminhada. O tronco tombado sobre o igarapé e utilizado como ponte na travessia para a outra margem é fino e escorregadio, cheio de líquens e musgos. O cansaço, porém, anula a noção de altura e o medo, mesmo não havendo pontos de apoio para as mãos em caso de queda. Mas Narean tropeça numa saliência do tronco e tomba de uma altura de um metro e meio. A escassa água do córrego não amortece a queda. Narean, ainda caído, se livra rapidamente da pesada bagagem e se levanta. Está com as costas raladas.

Tiemã Matis, o mais experiente dos intérpretes índios, volta para ajudar companheiros em dificuldade na travessia. Não perde o sorriso, e nada perturba sua tranqüilidade. Se há realmente na selva o tal relógio invisível, Tiemã sabe usá-lo.

Em contraste com a serenidade de Tiemã, Ivan Arapá é o primeiro a reclamar de decisões de brancos que considera prejudiciais aos matises ou a ele próprio. É com ele que os índios se aconselham na hora de trocar colares de nozes de murumuru por calções de pano dos ribeirinhos, mas estes o vêem como orgulhoso e aproveitador. Relatam o episódio em que ele, para agradar a Possuelo, levou-lhe mel colhido por outro matis. Quando falta farinha — e sempre falta —, Ivan reclama:

— Índio não come só macaco, barriga dói.

Já o matis Maxupá, em vez de reclamar, encara os problemas. Para diminuir o peso da carga nas costas, ele o distribui, amarrando à mochila tiras de envira que a prendem ao mesmo tempo aos ombros e no alto da testa. Assim, consegue carregar morro acima sacos de farinha, latas de óleo e as suas roupas. É o índio mais introvertido da expedição. Quase sempre calado e sério, carrega peso, faz fogueira, caça, tira pele de macaco e pena de jacamim — pequena ave de coloração marrom e pés finos —, ajuda na cozinha e corta os cabelos dos colegas. Seu silêncio parece obedecer a uma falta de vontade de conversar ou a uma dificuldade de se expressar por palavras. Ao ser cumprimentado, ele corresponde, mas apenas balançando a cabeça. E sorrindo, mas de boca fechada. Demonstra segurança, tranqüilidade, coragem, mas sem esconder que tem medo dos flecheiros. Não é com freqüência que usa o cumprimento *borakemô* (tudo bem?) e, assim, evita obrigar os outros à formalidade de responder *borá* (tudo) de forma nada convincente.

Sem a altivez de Ivan Arapá nem a sabedoria de Tiemã, Maxupá vai pelos caminhos da generosidade. Numa tarde, deu a um integrante da expedição as poucas bananas que carregava.

Uma das possíveis causas do mutismo e da introspecção de Maxupá está na infância, quando sofreu na mata um acidente em que o impacto de uma lasca de madeira lhe atrofiou uma das pernas. Por causa do problema, dizem alguns índios, as famílias da aldeia não aceitam entregar suas filhas a ele. Calado, Maxupá sobe e desce morro, às vezes carregando mais peso que os demais. Um esforço sem tamanho. Tanta força de vontade acaba lhe causando feridas nas costas, e o indigenista Paulo Welker lhe retira parte dos mantimentos da bagagem, diminuindo o peso. Mas Maxupá, mais adiante, volta a carregar farinha de outros matises, basta que lhe peçam.

Na superação de seu problema físico, Maxupá faz questão de demonstrar que nada o impede de construir uma maloca de qualquer tamanho. Nem de matar a maior anta, só precisa ter cartucho no bornal. Ele não vacila em atravessar qualquer trecho alagado e subir o morro mais alto.

Mas todos à sua volta sabem que nada disso vai mudar as convicções das famílias da aldeia em relação a um homem que tem uma das pernas atrofiada.

*

Soldado passa a queixar-se de dores intestinais. Quando a diarréia ataca, o líder dos mateiros ribeirinhos deixa de ir à frente com Possuelo. É difícil entender como esse homem vê a floresta — olhos de alguém criado no âmago da selva, coragem sonâmbula de avançar nas brenhas. Talvez tivesse problema imediato para se orientar caso o sol deixasse de nascer exatamente na posição leste. Soldado conhece a mata fechada desde os 13 anos. A primeira vez que entrou na selva foi para cortar seringa, com seu pai, um índio marubo capturado por brancos na infância. Aos 18 anos, o mateiro conheceu a cidade e achou a vida ali esquisita. Entrou no Exército e teve que cortar o cabelo. Não gostou da vida militar e acabou fugindo. Fora, ganhou dos amigos o apelido — "Soldado" — e praticamente deixou de ser Valdeci.

Principal mateiro das expedições do governo na fronteira com o Peru e a Colômbia, Soldado constrói casa de palmeira e faz canoas. Conhece cipós e ervas, pesca pirarucus de mais de 40 quilos, mata sucuris de qualquer tamanho e dá segurança aos indigenistas na mata.

— O sol pra nós vem do nascente, depois vai prum lado e nós pro outro — inicia a prosa, num dia claro.

Acende um cigarro.

— A bússola não indica a curva do rio, só a direção, por isso mesmo o sabidão não sabe nada. Eu me perco sempre. Numa hora, a gente acerta o caminho.

Morador de São Rafael, povoado à margem do Itaquaí, Soldado vive numa casa de tábuas, coberta de folhas de caranã, com Creusa Rios e 11 filhos. Outras três filhas estão casadas.

— O Cléber (seis meses) tem de ser o caçula para sempre. Daqui a pouco, não vai caber tanto menino dentro da máquina de fotografia.

Vive da pesca e do plantio de feijão e mandioca. Conta também com o salário de 300 reais pelo trabalho na frente indigenista.

Nem sempre as roças são suficientes para abastecer a família Rios no período de cheia, quando a água invade as áreas de plantio e a casa, danificando o piso. Sua vida é ele mesmo quem conta enquanto fuma um "palheiro".

Só conheceu o primeiro filho, Odair, hoje com 21 anos e também integrante da expedição, três meses depois do nascimento. Quando a mulher estava grávida de seis meses, teve de deixá-la em casa e se aventurar na extração de madeiras para um negociante que só lhe pagaria depois que a última tora chegasse à cidade, pelo rio.

Dois outros homens faziam com Soldado o trabalho de derrubada das árvores. Um deles perdeu uma perna após ser picado por uma cobra bico-de-jaca, e o outro abandonou o trabalho ao ver a amputação.

— Sabe como é, né, mulher não podia comer insosso (comida sem sal), então eu continuei. A gente sofreu muito. E sofre ainda.

Sozinho, Soldado viveu seis meses em um tapiri. Conseguiu derrubar as árvores, "limpar" as margens de um igarapé de quilômetros e ver, na água em frente a Benjamin Constant, a balsa com as últimas jacareúbas derrubadas por ele.

O ribeirinho tem na memória inúmeras histórias de seringueiros espancados por patrões, de trabalhadores que mataram jagunços e de jagunços que mataram trabalhadores. Lembra das madrugadas nas "estradas" de seringais.

— Tirei muito leite de árvore. A gente tinha de "sangrar" 160 seringueiras por semana, três vezes cada, separadas 250 metros uma da outra.

Soldado explica como as voltas dos cursos formadores do Jutaí tornam mais árdua a tarefa de abrir caminho na mata. Às vezes, o mateiro erra.

— Nem sempre é possível acertar. O melhor rumo para acompanhar rio é pegar pé de terra, o fim da várzea e o começo da terra firme, onde não alaga nem no inverno. O sujeito acompanha a claridade. Onde o rio corre, não é escuro. Mas tem lugar aberto no mato, com claridade muita; você olha pra qualquer direção, tá claro. Tem segredo não, escolhe uma e vai. Errou, volta. Errou, volta. Errou, volta.

*

Kuinin Matis encontra, num dia nublado e de pouca visibilidade, um arbusto mágico na selva.

— É um pé de butité — afirma o índio.

O arbusto tem 20 centímetros de diâmetro e 2 metros de altura. Possuelo dá ordens para os homens pararem. Com ajuda do amigo Tepi, Kuinin retira lascas e leite da planta, espreme tudo com as mãos e deposita o líquido num embrulho de folha de palmeira. Os "xamãs" da expedição oram e cantam na língua dos matises. O colírio de butité serve para tirar cansaço e "panema" (falta de sorte) do corpo e proporcionar visão e esperteza de um beija-flor, jacu ou mutum.

Os índios e alguns brancos fazem fila para receber a substância. Narean e outros kanamaris também experimentam o colírio, mesmo vendo as expressões de dor nos olhos do primeiro matis a usar a substância. Quem tem coragem de receber o colírio dos matises não vacilará em percorrer o caminho aberto pelos flecheiros na floresta.

Ao receber o colírio, Ivan Uaçá Matis esfrega freneticamente as mãos nas pernas, repetindo o canto de Kuinin. Não tem jeito. A dor é intensa nos olhos e na cabeça. O índio corre para o mato e grita forte, muito alto, como se tivesse levado uma cacetada no rosto.

O guia Kuinin Matis. Durante a viagem, ele recebeu a notícia de que um incêndio havia destruído sua maloca. O índio não se conformou com o acidente, que resultou na perda da sua única espingarda, comprada com o dinheiro de uma expedição anterior.

O que restou da árvore escolhida para construir canoa. Abaixo, Possuelo examina vestígio de isolados.

Tiemã Matis, em primeiro plano, e Tepi Matis. Num dia de caminhada, Tiemã contou que, à época em que vivia isolado, quis se aproximar dos brancos só porque ficara fascinado com um animal que acompanhava os caçadores. Mais tarde, integrado aos brancos, ficou sabendo que o bicho era chamado de cachorro.

Cenas do acampamento. O guia Binã Menã na rede e panelas de alumínio na cozinha improvisada. Na terceira foto, à direita, a aldeia dos isolados, com uma panela de barro no centro.

Os matises mantêm costume de usar espinhos e farpas de ossos no rosto. É para assustar quem vem de fora e outros índios. Quando, há certo tempo, os matises começaram a demonstrar vergonha da aparência de onça, Possuelo mostrou-lhes fotografias de roqueiros com piercings. O sertanista argumentou que, na cidade, espetar enfeites no corpo é motivo de orgulho.

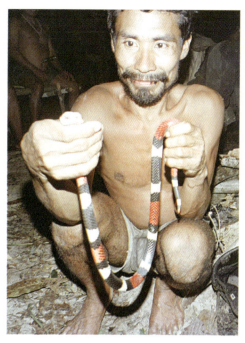

Dias antes de desaparecer, Narean brinca com uma coral. À esquerda, na foto maior, ele exibe um peixe no Jutaí.

Biju Kanamari, que conseguiu uma vaga de guia da expedição na última chamada.

Narean e José Bezerra
cortando uma árvore
para fazer canoa.

A canoa dos matises
sendo trabalhada.

É hora de virar a canoa dos matises para a queima e abertura do casco.

Soldado comanda a fabricação de uma segunda canoa.

Orlando Possuelo e Ivan Arapá arrastam com outros companheiros a canoa dos matises até o Jutaí.

Tepi na queima para alargar o casco da canoa. Na infância, ele era aprendiz de pajé quando um surto atingiu mortalmente os velhos e mestres da aldeia.

Chuva na descida do Jutaí.

A canoa construída pelos matises é a da esquerda, com cobertura de palha. A outra foi feita pelos ribeirinhos.

Quando me aproximei com a câmera, a índia kanamari fez sinal para esperar. Na maloca sem paredes, ela se penteou e maquiou por longo tempo. Só depois se deixou fotografar.

Os índios nus são os korubos, do rio Ituí. Maiá, na foto do meio, comanda o grupo.

Crianças kanamaris da aldeia Jarinal, às margens do Jutaí.

Os korubos.

A visita aos korubos foi tranqüil

Biju na beira do Jutaí. Na foto ao lado, momento em que a expedição deixa a aldeia dos korubos.

Praia de aldeia kanamari, em Queimada Velha, no Jutaí.

Esses índios, os tsohon-djapás, são escravos dos kanamaris.

Uma família kanamari debaixo de lona cedida pela expedição, na descida do Jutaí.

A escravidão está presente nas sociedades indígenas. Aruá, na porta da maloca, foi atraído com pitadas de sal pelos senhores kanamaris. Ele é obrigado a pescar, plantar e caçar para seus opressores.

onge da cidade, uma família de ribeirinhos.

Papumpa Marubo, com um mutum nas costas.

— Dói mesmo! — afirma, um pouco depois, com lágrimas misturando-se à seiva do butité.

Ivan Arapá alerta:

— Fecha o olho não, dói mais. Pisca, pisca, melhora logo.

Melhora logo nada. Só após cinco minutos de gritaria, a dor passa, e todos se mostram maravilhados pelo fato de enxergarem com mais nitidez as árvores e os bichos.

— *Boraquemô!* — diz agora Ivan Uaçá.

Os marubos e os matises têm outra forma de tirar a preguiça e se animar. É a chamada "injeção de sapo". Aplicam no corpo a secreção da pererera *philomedusa bicolor*. O efeito é o mesmo. Esse conhecimento foi roubado, nos anos 1990, pela indústria farmacêutica italiana. Milhares desses sapinhos foram levados para a Itália. Um laboratório patenteou analgésicos feitos com a pele da pererera sem dar nada em troca aos índios. Quem também lucrou com a biopirataria na Amazônia foi o laboratório americano Abbott, que vende analgésicos à base de uma substância do sapo *epipedobetes tricolor*. Essa espécie conta com um analgésico dezenas de vezes mais potente do que a morfina.

Após o ritual do butité, a expedição é surpreendida por outra tempestade. O aguaceiro aumenta o peso das cargas. As trilhas voltam a ficar pouco visíveis. Como seria arriscado subir mais morros naquela situação, Possuelo resolve fazer nova pausa. No topo de uma elevação, os índios cortam folhas de bananeira-brava e açaí para servirem de "guarda-chuva". Os mateiros brancos, por sua vez, abrem as lonas, usadas até então somente à noite na cobertura das redes. O pessoal fica sob as lonas esperando a chuva passar.

Quase ao fim da tarde, o tempo estia, e os homens prosseguem a viagem, com as roupas encharcadas. De hora em hora, o pessoal descansa. A mochila apoiada em qualquer tronco serve de encosto no chão repleto de formigas. Com o mormaço, um mateiro reclama do cansaço e fala do arrependimento de ter entrado na expedição. Outro, mais jovem, relembra uma caçada com o pai. Ali, embaixo de samaúmas e patauás, você pensa na família, nos amigos e em mulheres.

Atenua qualquer dificuldade olhar o semblante tranqüilo, como de costume, dos índios mais velhos. Eles parecem saber controlar a ansiedade, como se não sentissem saudade dos parentes e amigos. Todo compromisso pode esperar, não há prazo, apenas a garantia do cumprimento da tarefa do momento. A complexa e sólida estrutura familiar e social dos matises não parece lhes impor limitações no tempo e no espaço. Sorrindo, eles vivem a vida no presente.

*

Uma tarde, enquanto muitos mateiros brancos caminham apressados pelo cipoal, ofegantes, índios matises páram na beira do Jutaí. Cortam duas varas, amarram linhas com anzóis e iniciam uma pescaria. Makã e Tepi Matis pescam, outros índios retiram os anzóis da boca dos peixes.

Embora tenham gasto cerca de uma hora à beira do rio, os matises chegam antes de muitos brancos ao acampamento no final do dia. Para a maioria dos brancos, a caminhada terminou em cansaço. Os matises, assim como os marubos, são regulares no andar. Nem correm nem vão a passos lentos. O que não quer dizer que não reclamem da dureza de caminhar até nove horas, fazer apenas uma rápida refeição por dia e, todo início de tarde, ter de montar acampamento. Como a comida é pouca, e o território, proibido, não se pode passar mais de uma noite num mesmo local. Cansados ou não, os homens têm de reiniciar a caminhada a cada manhã, numa tática de guerrilha.

— Índio caminha pouquinho — diz Ivan Arapá numa manhã.

Ele conta que o pessoal da aldeia dos matises no rio Ituí costuma andar no máximo por dois dias. É o tempo necessário para fazer uma boa caçada ou visitar algum parente que mora longe.

É um desafio enxergar o caminho aberto pelos mateiros da linha de frente. Você tem de entender imediatamente os sinais deixados pelos que abrem a picada para não se perder nem ficar para trás. Folhas verdes no chão e galhos quebrados ou cortados são, quase sempre, os únicos sinais que indicam a direção da trilha. Há ainda risco de você confundir o caminho aberto pelos mateiros com o dos índios isolados.

Nas curtas paradas de descanso, a escassez de alimentos faz os homens falarem bastante em comida. O prato preferido é peixe com farinha. Antes de deixar Tabatinga, fui a uma padaria muito precária, com pães dormidos e murchos e moscas sobrevoando os bolos. Agora, na caminhada, chego a pensar nisso com prazer.

As dores de estômago e diarréias sofridas pelo pessoal podem ter relação com a dureza e o cheiro desagradável da carne de macaco de quase todos os dias. Às vezes, os mateiros matam paca no barranco dos rios e igarapés. Mas, para alguns, por motivos religiosos, também essa carne tem problemas, e nem todos a comem.

— Se *mushabo* (rapaz) comer *mapua* (paca), fica preguiçoso — diz Binã Menã, guia matis de 20 anos, ao ver carne de paca na panela.

Menã, sempre calado, esforça-se como os mais velhos na caça e nas tarefas do acampamento. O receio de ficar preguiçoso é uma forma de evitar a curiosidade dos brancos sem precisar dar muitas explicações. O verdadeiro motivo de Menã é a crença dos matis segundo a qual o jovem guerreiro atrai os maus espíritos se comer carne logo após participar do ritual em que os índios mais velhos fazem pinturas corporais nos mais novos para introduzi-los no mundo dos adultos.

*

Dias antes de entrar na aldeia dos flecheiros, Narean Kanamari, ao estender roupas acima da fogueira, no fim do dia, vê uma cobra coral. O bicho, de cerca de um metro, aproveitava o calor e fugiu. Apenas com uma lanterna e um pedaço de pau, o índio entra no cipoal e volta minutos depois trazendo a cobra. Narean não tem mais medo de nada. Nem dos isolados.

Enxugar a roupa no calor da fogueira é um prazer na noite da mata, mas é um método que tem seu preço, porque o tecido se desgasta mais. Os mateiros acabam lamentando o prejuízo, pois tinham a expectativa de aproveitar, ao final da viagem, as roupas camufladas cedidas pelo comando da expedição. Nem os coturnos comprados em lojas militares de Brasília suportam uma semana submetidos ao choque da umidade e do calor do fogo.

Na escuridão da floresta, deitado na rede ou sentado em um banco, você acaba não vendo lagartas, escorpiões ou pequenas cobras nas frestas das estruturas improvisadas de madeira. Muitas vezes, esses bichos não atacam. Até onça, animal raro nesta região da Amazônia, costuma em determinadas situações seguir direto sem incomodar os homens. Onça, contam os indigenistas, é bicho inteligente e violento, mas muito imprevisível.

No acampamento, em noite sem estrelas, as únicas luzes são as chamas da fogueira ou um toco de vela. Boa parte das lanternas está queimada. A umidade acelera o desgaste das pilhas e traz o desconforto de se ter de usar roupas molhadas e de perder equipamentos tomados por fungos quando a gente esquece de colocá-los ao sol.

Quando a primeira fogueira é acesa na madrugada, os matises são os primeiros a sair da rede e deixar os ranchos, onde faz frio, e se aproximam do fogo. As redes são mais quentes quando o tecido é de algodão ou de fibra de tucum. A rede de Tiamin é de tucum, ele mesmo a confeccionou. Tiamin costuma fazer redes de fibra de tucum para parentes e amigos da aldeia. E quando alguém da comunidade vai à cidade, pede que leve algumas para vender — cobra 30 reais por uma rede para adulto.

Tiamin ensina que para fazer redes de fibra da palmeira tucum é preciso escolher bem as folhas. A retirada dessa matéria-prima, usada também no fabrico de cordas e cestos, exige paciência. O tucum, palmeira de até 15 metros de altura, é uma das espécies mais espinhentas da região. Para pintar os fios, Tiamin usa o urucum.

*

Embrulhados em folhas de bananeiras, tucunarés são assados na fogueira. Com farinha de mandioca ficam ainda melhor. Quando os mateiros demonstram irritação à toa, pode estar certo: está faltando farinha. Nos dias em que são possíveis três refeições, é farinha com água de manhã, com peixe no almoço e, à noite, com caldo de porco.

— Pode faltar peixe, mas não pode faltar farinha — diz o mateiro Amarildo Costas.

Ao avistar praia de rio ou lago, os mateiros correm a recolher ovos de tracajá, a tartaruga-da-amazônia, para fazerem *mujanguê*. Eles põem numa caneca uma porção de três colheres de açúcar, quatro ovos e farinha de mandioca. Misturam todos os ingredientes. Está pronto o *mujanguê* — ou *arabu*. Biju Kanamari explica que, com os ovos da tartaruga, dá para se preparar também o *kawpu*, uma receita que inclui sal e mandioca em uma panela que é levada ao fogo.

— *Bak!* — afirma Biju Kanamari.

*

Num trecho da floresta, os matises não perdem a oportunidade de colher tati, um cipó amargo e nutritivo.

— Tati fortalece tudo — explica o matis Kuinin Montac, numa parada de descanso na mata.

Enquanto masca o cipó com outros quatro matises, Montac faz planos para gastar os 900 reais que ganhará ao final do trabalho na selva. Vai comprar espingarda e roupas para a mulher e os filhos.

— Os peruanos de Tabatinga vendem por 600 reais uma calibre 20 — diz Tepi Matis.

Diferente de Kuinin Montac, Kuinin Matis não pensara, até aquele momento, em comprar arma. Mais tarde, ao entrar em contato pelo rádio com a aldeia, foi informado de um incêndio em sua maloca. A mulher e os filhos estavam fora da *shobo*. Mas a espingarda fora destruída pelas labaredas. Agora, o fogo não sai da imaginação do índio e vai acompanhá-lo até o fim da expedição. Ele chora:

— Acabou espingarda, tem mais espingarda, não.

*

Você repara o jeito descontraído dos guias kanamaris, bem mais animados na mata, com comportamento diferente de quando entraram nos barcos da expedição. Quanto mais o grupo se isola na selva, mais eles ficam diferentes dos índios acanhados que eram quando o grupo os encontrou nas aldeias minguadas do Itaquaí.

Um deles, Narean, mata um *bim* (mutum) durante a caminhada. No alto de um dos morros, Narean e outros cinco kanamaris contratados por Possuelo se reúnem para limpar a ave de penas pretas, com bico vermelho e amarelo.

Fora das suas aldeias, tão próximas das cidades da região, os kanamaris mostram satisfação ao depenar o mutum. A ave raramente é caçada nas comunidades do Itaquaí. Com o fechamento do rio a caçadores brancos, em 1996, a espécie passou a se reproduzir em grande quantidade. Mas, aí, os índios haviam deixado de lado a prática de atirar flechas.

— E ninguém tem dinheiro pra comprar munição — explica Narean.

Um prazer quase esquecido.

— Muito tempo a gente não fazia cocar de pena de *bim* — diz Biju Kanamari.

Os outros mateiros iriam se fartar com a carne da ave. Os kanamaris usaram as penas para confeccionar cocares. Com adornos de penas e penugens na cabeça, eles perdem a inibição e começam a trocar palavras com os matises e marubos, que falam a língua pano, uma língua diferente do vocabulário katukina. E se interessam pelas palavras dos outros índios. Num dia em que caçaram apenas *kamudjá*, o macaco-barrigudo, os kanamaris usam folhas de palmeiras em vez de penas de aves para fazer enfeites em torno da cabeça. E ensaiam uma dança típica do Hai-Hai, a festa tradicional da comunidade.

*

Na manhã do sexto dia de caminhada, os homens tomam café e comem um pedaço de cuscuz de fubá que o cozinheiro Mauro Fortes aprendeu a fazer com Possuelo. Antes de abrir picada na mata, cada mateiro recebe um saco plástico com duas colheres grandes de farofa com carne de macaco. Seria a única refeição do dia.

Ao deixarmos o acampamento, Possuelo reforça as instruções de segurança. Num determinado ponto da trilha, o grupo estaria a cerca de 6 quilômetros de uma maloca isolada. A habitação fora vista em um sobrevôo dias antes do início da viagem.

— Se alguém encontrar índio bravo, nada de atirar ou correr como anta, esbarrando e quebrando tudo — pede Possuelo.

Os riscos aumentam à medida que avançamos. Em pleno verão na Amazônia, uma parte dos índios isolados poderia estar andando pela mata, seguindo o movimento das águas. Em último caso, era para atirar para o alto, nada mais. Barulho de

HOMENS INVISÍVEIS

espingarda calibre 20 assusta e afasta os índios. Armas de calibre
22 nem tanto. Uma das preocupações de Possuelo e de todos os
sertanistas que cortaram o Brasil desconhecido foi e continua
sendo a de conter os nervos e o pavor dos guias de suas expedições ao encontrar índios isolados. No início do século XX, ao
entrar no território dos temidos nambikuáras, Rondon ficou
apreensivo com o ânimo de seus soldados na área, a cerca de 600
quilômetros de Cuiabá, Mato Grosso. Esses índios assustavam,
por causa da fama de antropófagos. Os mateiros de Rondon
eram homens de constantes contatos e conflitos com os índios.
"Gente aliciada da população sertaneja acostumada a matar índios com a naturalidade com que se abate a caça não podia con-
ceber que devessem ser poupados, mesmo quando atacassem",
registrou Darcy Ribeiro no livro *O índio e a civilização*. Possuelo
enfrenta problema semelhante. Ele sabe que muitos de seus homens aceitaram entrar na mata em busca de vestígios de povos
ocultos da mesma maneira que não refutariam um convite para
caçar índios.

A população ribeirinha não tem dúvida em considerar perigosos os índios.

— Índio é perigoso. Quando a gente vai cortar madeira, tem
de prestar atenção — diz um mateiro contratado por Possuelo.

Antes de se desentender com o sertanista e ser desligado da
expedição ainda no Itaquaí, o mateiro José Francisco contou que
os moradores de sua comunidade mantiveram um relaciona-
mento cordial com índios korubos.

— A gente oferecia comida para eles.

Isso, contou o mateiro, ocorreu antes do fechamento dos rios
aos brancos.

131

Nas conversas, durante a caminhada, os ribeirinhos relataram uma série de ataques de ambos os lados. Mas, com a consolidação da ocupação de uma boa área da floresta pelos ribeirinhos, a fúria em relação aos isolados foi diminuindo. Os brancos já tinham o controle de todos os rios e florestas. Incidentes continuariam a ocorrer, mas os ribeirinhos estavam mais prevenidos. A relação entre as comunidades ribeirinhas, de origem indígena, e as tribos ficou tensa com a criação da reserva indígena. O parentesco de pequenos pescadores e caçadores com os índios não minimizaria a tensão. O índio deixava de ser o amigo dócil para ser visto como inimigo.

Até 1537, o índio era tratado na Europa igual a um macaco ou uma tartaruga. Nesse ano, o papa Paulo III declarou que os índios eram homens. Dois anos depois, uma bula de Urbano VIII reafirmou a decisão. Quando chegaram à Europa as notícias da existência de povos no novo continente, os intelectuais e religiosos se defrontaram com um desafio. Os índios não cabiam na história da evolução do mundo, pois eram ignorados pela Bíblia — a explicação única, até então, da origem da humanidade. Como não eram descendentes de Adão e Eva, podiam ser mortos como uma capivara. Talvez fossem irmãos que se separaram com a construção da Torre de Babel, sugeriram alguns filósofos do passado. Bem mais tarde, cientistas passaram a acreditar que os índios tinham laços com os asiáticos. Os seus ancestrais teriam atravessado o estreito de Bering e ocupado o continente. Há hipóteses de algumas levas terem chegado antes a outros pontos da América. Cientistas falam que isso ocorreu há 12 mil anos, outros, há 30 mil ou 40 mil. Luzia, a "primeira brasileira", nome dado a um crânio pré-histórico encontrado em Sete Lagoas, Minas Gerais, teria cerca de 11 mil anos.

*

Dias antes de se separar da equipe e entrar na aldeia dos flecheiros, Narean e Makowana Kanamari não economizam esforços no trabalho na selva. Aliás, todos os índios se esforçam na busca de vestígios de isolados, na construção de acampamentos, montagem de barracas e fogueiras. Quando param para descansar, muitos abaixam a cabeça por orgulho para não dar mostras de cansaço a quem os ultrapassa.

Foi graças ao trabalho árduo dos índios ao longo da história que os brancos puderam conhecer a Amazônia. Mas, ao longo da história, os nativos ficaram com fama de preguiçosos. Quando o cientista inglês Alfred Russel Wallace viajou pelos rios Negro e Amazonas, no século XIX, dificilmente sobreviveria na selva sem a ajuda dos índios. Wallace ficou famoso por apresentar, simultaneamente com Charles Darwin, a teoria da origem das espécies. Na selva, Wallace passava as tardes lendo ou escrevendo, longe dos mosquitos. "Os moradores costumavam queimar esterco de vaca junto à porta, a fim de afugentar aquela praga", relatou Wallace. "Como tínhamos um índio encarregado dos serviços domésticos, passamos a mandar ele trazer, todas as tardes, um cesto daquela preciosa substância." Em suas anotações, Wallace registrou as dúvidas dos índios em relação ao modo de vida dos brancos: "Ao meu redor, treze índios nus tagarelavam numa linguagem desconhecida. Só dois sabiam falar português. Fiquei conversando com eles, respondendo às mais diversas perguntas. De onde vinha o ferro? Como se fazia a chita? No meu país nascia a planta que dava papel? Havia lá muitas mandiocas e bananas?" Os índios ficaram espantados quando o pesquisador lhes contou que na Europa só existiam brancos. "Então, quem é que trabalha?", indagou um índio.

*

A expedição de Possuelo alcança as terras mais elevadas das cabeceiras do Itaquaí e do Jutaí. Os mateiros índios reclamam da falta de queixadas nessa área. A queixada, um porco-do-mato, preto e pardo, tem a carne apreciada por kanamaris, matises e marubos. Menos queixadas significa mais segurança. Afinal, um imprevisto ataque de um bando do mamífero não deixa sobrevivente para contar a tragédia. Perseguido, o animal reage de forma violenta.

Há muitos macacos barrigudos e pretos, jacus e mutuns nas copas das jacareúbas e mognos. Os mateiros que saíram para caçar voltam ao acampamento com macacos às costas. Quem não gostava da carne de macaco, tem um jeito de engolir a refeição mais depressa: desfia os pedaços de carne, mistura com farinha e joga para dentro da boca. A água do rio ajuda na digestão. Em determinada época do ano, não é possível comer nem macaco na selva, diz o mateiro Amarildo Costas. Algumas espécies de frutos que são comidos pelos bichos tornam a carne amarga.

Os pequenos fungos nas árvores e troncos sobre os córregos e igarapés tornam ainda mais difíceis as travessias íngremes na selva. Após um córrego, mais um morro. As mãos, machucadas por espinhos de tucum, já não agüentam segurar cipós e outros apoios nas subidas dos despenhadeiros. A calça rasga, uma cepa da perna é cortada pelo resto do galho decepado pelo mateiro que vai à frente. A mata fechada não permite que se veja o topo e a dimensão do morro a ser subido. Só a uns trinta metros depois, pendurado nos galhos e ribanceira, se vê o fim da elevação. E quanto tempo se levará até o cume, onde você se estira no chão. Depois, há outro morro, e mais outro.

Devido às dificuldades e solidão na selva, os nervos dos mateiros estão à flor da pele. Os grupos e coleguismos acabam rápido. Então, novas amizades são formadas. As intrigas também aumentam. Com febre ainda da malária contraída na selva, Raimundo Lima é acordado aos gritos numa manhã por um outro mateiro. Não gosta e reage:

— Quero ver quem vai ser macho para me tirar daqui.

A história chega deturpada aos ouvidos do comando da expedição. Raimundo e todos os demais mateiros acordam e iniciam a caminhada. Pouco depois de deixar o acampamento, Possuelo chama Raimundo.

— Eu queria conversar reservado com você — diz o sertanista. Possuelo leva o mateiro para trás de uma árvore, a menos de cinco metros do local onde o restante do grupo permanece.

Todos escutam as broncas do chefe da expedição. Possuelo explode. Faz questão de que todos ouçam que, na selva, quem decide e manda é ele e mais ninguém. E há, sim, alguém com poder de tirar outro da rede a qualquer hora e em qualquer situação. Raimundo volta de cabeça baixa, sem olhar para os colegas.

— Vamos continuar a caminhada — ordena o sertanista.

Ninguém no grupo tem dúvidas de que Possuelo continua com o controle e o comando da expedição. A responsabilidade de tirar os homens dali e conseguir voltar à cidade sem perdas humanas também é dele. O sertanista sabe muito bem disso. Semanas depois, Raimundo lembraria das broncas que recebera do sertanista. E perguntaria como Narean e Makowana não tinham recordado desse episódio ao pularem o galho deixado na trilha e seguirem o caminho aberto pelos flecheiros.

*

Os ribeirinhos e índios estão sempre colaborando com os jornalistas. Auxiliam na montagem de uma rede, ajudam a carregar blocos de papel e máquinas fotográficas, mostram como a caminhada poder ficar mais fácil. José Bezerra, por exemplo, em todo acampamento, sempre busca galhos para meu rancho. Entretanto, raramente podemos retribuir a generosidade. Pouco sabemos da Amazônia. Por isso, você fica contente quando pode fazer algo pelos companheiros de viagem. Uma folha de caderno de 15 por 21 centímetros, mesmo escrita na frente e no verso, serve, por exemplo, para fazer fumaça. O papel garante cinco "palheiros" de tabaco. Mauro Fortes e Soldado estão sempre pedindo folhas. Nessas ocasiões, aproveito para acender um cigarro também.

Os nativos costumam pedir para a gente escrever a caneta o nome deles na bainha do facão que sempre levam à cintura. Na mata, a perda de um instrumento de trabalho como esse é uma das piores coisas que podem ocorrer a um homem. É preciso precaução. Com o nome escrito na bainha, fica mais difícil alguém levá-lo "por engano".

Ter caneta e saber escrever ajuda a quem deseja concretizar velhos projetos. Adelino Marubo me pede para anotar num papel o seu nome e os dados mais importantes de sua vida. Pretende se registrar no cartório quando chegar à cidade de Tabatinga. Os tabeliães cobram 25 reais cada registro. Anotando os dados biográficos do índio, você passa a saber que o nome dele não é Adelino Marubo. Trata-se de Adelino Manoel Doles Marubo. Os pais são João Manoel Marubo e a mãe, Alcília Doles Marubo. Adelino nasceu na madrugada de 15 de maio de 1973.

A uma pergunta sobre seu nome na língua pano, Adelino diz:

— Na gíria, meu nome na gíria?

Tem dois nomes na "gíria": Waxakamã e Pekumpa Marubo. Mas no cartório iria mesmo registrar Adelino. Os brancos o conhecem como Adelino. Pela legislação brasileira, Adelino só tira carteira de identidade se quiser. Um índio é considerado relativamente incapaz. E, assim, deve ser tutelado pelo Poder Público. O Estado tem obrigação de proteger "todo indivíduo de origem e ascendência pré-colombiana identificado como pertencente a um grupo étnico cujas características culturais o distinguem da sociedade nacional".

*

O cozinheiro Mauro Fortes conta 18 morros no percurso do oitavo dia de caminhada. Mesmo com algumas das panelas nas costas, ele sempre chega rindo ao local de montagem do acampamento. A expedição não encontra nenhum vestígio de índio isolado no percurso de 4,1 quilômetros. Isso dá um certo desânimo aos indigenistas e mateiros. O percurso fora menor que nos outros dias de caminhada. Ao meio-dia, os homens já estão montando acampamento.

Quanto mais cedo se encontra um local de parada com boas condições de água, mais sobra tempo para caçar, armar fogueiras e lavar calças e camisas manchadas de fungos. Isso também permite ao grupo fazer bancos de troncos de açaí em volta da fogueira e preparar uma rodada de café antes do caldo da noite. Ainda se aproveitam os últimos minutos de sol para derrubar árvores de lenha dura, que resistem no fogo até a madrugada, e secar os pés nos últimos raios de sol.

À tarde, Menã Matis, 20 anos, o índio mais novo da expedição, se perde ao ir caçar mutum e macaco. Para ajudá-lo a localizar o acampamento, Soldado e outros mateiros batem um toco no tronco de uma samaúma localizada perto das lonas das redes. As batidas ecoam pela mata fechada. Menã precisa ouvir logo o sinal, pois começa a escurecer. Bastam duas batidas na árvore, e o índio responde com um grito. Mais três batidas, e ele consegue reencontrar o caminho de volta. Chega no início da noite ao acampamento.

A samaúma, árvore frondosa de até 20 metros de altura, apresenta troncos de grande espessura. A base do tronco tem saliências formadas por uma parte das raízes. Muitas espécies amazônicas de terra firme têm esse tipo tabular de raiz. Além de fixar a árvore ao chão, a raiz serve de suporte de fixação das laterais do tronco. O grande eco ao se bater no tronco se deve à pouca espessura dessa parte da raíz chamada sapopemba. A samaúma, ou sumaúma, não tem muito valor comercial. Nas grandes extrações de madeira, a samaúma era uma das poucas árvores poupadas pelos exploradores. A partir dos anos 1990, os madeireiros começaram a extrair a árvore para fabricar compensados.

HOMENS INVISÍVEIS

— A samaúma não é usada em nenhum tipo de cura nem tem utilidade no dia-a-dia — diz Soldado.

*

À noite, tomando chá de cipó cravinho à beira da fogueira, Possuelo conta histórias do contato com os índios araras, no Pará, nos anos 1970, quando perdeu companheiros. Lembra ter encontrado em uma maloca ossos de brancos mortos pelos índios.

— Todos eles comiam carne de gente, todos, todos. Depois do contato, costumam negar — diz Possuelo.

No livro *Viagens e aventuras no Brasil*, publicado em 1557, o alemão Hans Staden conta que quase virou comida de tupinambás. Depois de sobreviver a um naufrágio no litoral fluminense em 1554, Staden foi acolhido por portugueses, mas, logo depois, capturado pelo índio Nhaepepô-açu, o Panela Grande. O tupinambá o deu de presente a Ipirú-guaçu, o Tubarão Grande. Em seu livro, o alemão atribui a sua sobrevivência à fé em Deus. Os estudiosos, porém, pensam diferente. Staden não foi devorado por demonstrar covardia. Os índios tinham receio de comer carne de gente assim. Quando animal escapa da panela, vira bicho de estimação. Durante oito meses, Tubarão Grande fez de Staden seu bichinho doméstico.

Outro que presenciou rituais de antropofagia foi o sapateiro francês Jean de Lery, que chegou ao país em 1556. Aos 22 anos, veio pregar o protestantismo na colônia francesa montada na Baía de Guanabara, a chamada França Antártica. No livro *Voyage Fait en la Terre du Bresil*, uma das primeiras publicações sobre o país, lançada em 1578, ele descreve como os vitoriosos das bata-

139

lhas provavam o gosto da carne do adversário. "Comi teu pai e moqueei teus irmãos! Comi tantos homens e mulheres que nem pude guardar os nomes!", gritava o prisioneiro, com soberba e orgulho, no dia em que viraria banquete. Nos dias anteriores à festa, o prisioneiro era bem alimentado e tinha várias mulheres à disposição. Se alguma engravidasse, a criança era devorada pela tribo logo após o nascimento. As cerimônias de antropofagia reuniam até quatro mil pessoas. No livro, Lery diz que os europeus eram mais bárbaros que os selvagens, pois, no Velho Continente, a barbárie era confusa e sem regras. "O que vimos em França durante a sanguinosa tragédia iniciada a 24 de agosto de 1572? A gordura das vítimas trucidadas em Lião, de modo mais bárbaro que o usado pelos índios." O francês lembra de reis que tiveram o coração retalhado. "Não é preciso ir à América para ver coisas extraordinárias e monstruosas", diz. Em seu relato de viagem, Lery critica os hábitos das mulheres européias: "A mãe (tupinambá ao dar à luz) fica na rede apenas um ou dois dias. Depois se levanta, pendura o filho no pescoço e volta ao serviço usual. Isto não digo para criticar os hábitos das nossas mulheres, as quais, em vista dos maus ares, ficam de cama de quinze a vinte dias." O religioso disse nunca ter visto mulheres índias em situação de falta de higiene. "Nunca percebemos nas mulheres vestígios de menstruação. Elas se afastam ou se purgam de modo diverso das européias." As idéias de Lery serviram de base para pensadores como Michel Montaigne e Jean-Jacques Rousseau. Os textos dos estudiosos enaltecendo os tupinambás ajudaram a compor os ideais da Revolução Francesa de 1789, movimento que pregava a liberdade, a igualdade e a fraternidade.

*

A expedição de Possuelo vai abrindo trilhas na selva. Começa a esfriar nas cabeceiras. Seis horas e meia depois de uma travessia de 5.740 metros em linha reta, o sertanista abre os mapas à beira de um igarapé, local repleto de abelhas e formigas tracuás. Ali, numa tarde de domingo, as lonas e redes começam a ser montadas. Os homens caminham há nove dias na selva. Aos poucos, os índios largam a construção dos ranchos e se agacham ao redor dos mapas. Dali ao Jutaí são mais 8 mil metros, indicam os aparelhos de localização geográfica. Se o ritmo da expedição for mantido, os homens chegarão ao rio em dois dias.

Nem todos correm para ver os mapas. Damã Matis mal amarrou a rede e se estirou. Só levantou a cabeça para comer e tomar o remédio fornecido pelo indigenista Paulo Welker. Na rede, Damã recebeu caldo de mutum com farinha. É o primeiro caso de malária no grupo. Welker passa a noite medicando o índio.

Outros também resolvem comer na rede, pois as tracuás infestam a área da cozinha do acampamento. É um inferno. Formiga no calcanhar, nas dobras, no joelho, na perna direita, na perna esquerda. Não tem paciência que suporte tracuás no corpo. Rapidamente, as formigas dominam todos os ranchos e mochilas. Meias grossas ajudam, um pouco. As espécies pretas sempre acabam subindo pela calça, entrando pelas aberturas da blusa. Dói levar picada na barriga e no pescoço. Fugir para onde? Para lugar algum. Não dá para correr.

*

Damã Matis acorda, na segunda-feira, apenas com dor de cabeça. A pior fase da malária passou, informa Paulo Welker a

Possuelo. Como os demais mateiros, o índio percorre naquele dia uma distância em linha reta de 6.250 metros, sem contar as voltas ao redor dos igarapés. Ao final da caminhada, apenas 2 mil metros separam os homens das águas formadoras do Jutaí.

Ninguém acredita na possibilidade de, ainda naquela semana, o rio apresentar condições para baixar canoa. Os homens deveriam levar mais alguns dias andando pelas margens do Jutaí até encontrar água suficiente.

Como a caminhada termina tarde e o acampamento foi montado quase no final do dia, os mateiros e índios não tiveram tempo para caçar ou pescar e, assim, garantir a farofa do dia seguinte. Melhor para os cozinheiros da expedição. Mauro Fortes e Paulo Souza puderam descansar mais cedo.

Com cigarro sem filtro na boca, Fortes conta ter trabalhado na Portobrás, uma estatal extinta nos anos 1980. Em Tabatinga, onde mora com a mãe idosa, faz diversos tipos de serviço. Aos 45 anos, é requisitado como cozinheiro nas expedições indigenistas no Vale do Javari. E nunca deixa de demonstrar tranqüilidade.

— No ano passado, seu Sydney fez uma expedição mais fácil; a gente só andou oito dias no mato. Depois, ficou todo mundo quieto dentro do barco — diz.

Se alguém precisar de Fortes para atuar longe da fogueira, lá estará o homem. Nas altas noites, o cozinheiro só não daria um pouco de fumo ou de farinha a quem lhe pedisse com discrição se não tivesse. Foi ele, por exemplo, quem escolheu a área de um dos acampamentos montados no igarapé São José. Como o comando da expedição estava em uma canoa atrás, Mauro orientou o grupo de sua embarcação a parar num trecho do rio. Sobraram elogios pela localização do acampamento, terra firme e nada de formigas tracuás. Fortes interrompe o relato sobre sua vida ao falar de um pressentimento.

— O Brasil ganhou a Copa do Mundo; ganhou mesmo.

Desde a partida semifinal do Brasil contra a Turquia, o rádio de comunicação com a base em Tabatinga não havia sido ligado pelos indigenistas.

*

Nada como uma bola para aproximar pessoas e levantar semelhanças entre povos. Ao chegar à aldeia dos parecis, em Mato Grosso, em 1914, o ex-presidente americano Theodore Roosevelt teve uma surpresa. Em plena selva, os índios arremessavam uma bola com a cabeça.

— Eles são mais apaixonados por esse jogo do que os jovens americanos pelo beisebol ou futebol — registrou sobre o *xikunahity*.

O futebol selvagem foi inventado pela maior entidade mítica dos parecis. Depois de colocar os índios no mundo, Wazare fez uma festa para mostrar que a cabeça era fundamental para se alcançar a plenitude do espírito. Com 30 centímetros de diâmetro, a bola é feita de seiva de mangabeira. O campo de terra é do tamanho do campo de futebol dos brancos. Os dois times são formados por dez ou mais jogadores cada um. Na disputa com duração de quarenta minutos, a bola pode tocar o chão antes de ser rebatida. O ponto é marcado quando o adversário não consegue rebater.

À época da viagem de Rondon, os brasileiros das cidades não tinham tanta desenvoltura com a bola como os parecis. Nos colégios e bairros nobres, os brasileiros brancos começavam a se familiarizar com regras e técnicas de jogos trazidos do exterior. Só venceriam um campeonato sul-americano de futebol em 1919 e de basquete, em 1921. Antes de Cabral "descobrir" a Bahia, índios escravizados por espanhóis já cabeceavam e arremessavam com as costas, nos pátios de Sevilha, bolas feitas de *hevea brasiliensis*, a borracha extraída nas trilhas sem volta da Amazônia.

*

Na manhã de terça-feira, os mateiros constroem uma mesa e levantam uma antena na parte elevada da área de acampamento. No local, é montado o rádio de comunicação dos indigenistas. É a oportunidade de ouvir alguém reclamando ou rindo do resultado do jogo final da Copa do Mundo. Ribeirinhos e índios sobem o cume do morro e sentam ao redor de Possuelo. Os indigenistas e mateiros brancos tinham feito um bolão, com a aposta a um real.

Mesmo no topo, a transmissão do rádio não funciona. Com dificuldades, o sertanista troca algumas palavras com os funcionários da Funai em Atalaia do Norte.

— Vou desligar, não dá para entender nada — ameaça Possuelo.

Diante da ansiedade do grupo, insiste mais uma vez em fazer comunicação.

— Qual foi o resultado do jogo? Ganhamos ou perdemos?

— O Brasil ganhou, seu Sydney.

— Ah, ganhou...

— O Brasil fez dois a zero na Alemanha.

— Ótimo. Até breve.

As informações sobre o jogo realizado há duas semanas se limitavam ao placar. Ninguém fica sabendo quem marcou os gols, como foram os lances decisivos e quem se tornou artilheiro da competição. Mas saber o resultado é suficiente para os homens entrarem no mato mais animados.

Sem farofa no bolso da calça ou no bornal, os homens reclamam com mais intensidade da caminhada. Só água de igarapé na caneca esmaltada, que quase se perde no canal pouco transparente. À tarde, a água não compensa a vontade de mastigar e morder um alimento.

O lado bom da caminhada desse dia é perceber que os morros começam a ficar menos acentuados. Mais próximo da várzea, mais bandos de queixadas para entrar na panela. E atacar os caminhantes. A depressão do terreno tornou mais fácil a caminhada. O ruim, atravessar a série de córregos e igarapés. Mais embaixo, os filetes de água formavam o Jutaí. Só cipós e galhos, destruídos pelos homens da frente, para se apoiar nos precipícios. Pelo caminho, dezenas de canais, poças e áreas alagadas. Mesmo tendo de passar por troncos cheios de limo e finos, você sentia prazer em alcançar mais um riacho e perceber maior volume de água no Jutaí.

É fantástico caminhar pelas margens de um rio a partir das cabeceiras. Aos poucos, filetes de água se juntam a outros filetes, formando córregos e canais. Quanto mais você anda, mais água vai surgindo. Depois de dias de andança na selva, o rio já se juntou a outro rio, formando um curso extenso e volumoso. Mesmo os ribeirinhos acompanham fascinados a trajetória do rio. Vivendo nos trechos mais largos e às margens dos rios, muitos ribeirinhos nunca subiram às cabeceiras. Nem sempre imaginam que o rio, que passa em frente às suas casas, pode ser atravessado em dois passos ou sem molhar os pés.

Os mateiros dizem que para entender o trajeto e a formação de um rio basta compará-lo ao corpo humano. Os dedos formam as mãos, ligadas aos braços, por sua vez unidos ao tronco. Na Amazônia, o caminho dos filetes, riachos, canais, pequenos rios e rios de grande proporção quase sempre é o Amazonas.

*

Céu limpo e sol pela primeira vez em 13 dias, desde o início da fase por terra. O número de morros, que chegavam a 20 por dia, diminui a partir da segunda semana de julho. A expedição chega finalmente a um dos braços principais do rio Jutaí. Com gosto e vontade, os homens entram na água de tênis, coturnos e pesadas mochilas. Ninguém tem medo de cobra ou peixe elétrico. A água chega à cintura. Enchem as canecas e, lá dentro mesmo do rio, matam a sede. Tanta água, um rio superior na largura aos igarapés já atravessados, faz os homens se darem ao luxo de molhar a cabeça antes de beberem.

Perto do Jutaí, fica mais difícil passar pelas pontes improvisadas. O curso d'água chega a de 30 metros de largura em alguns trechos. Possuelo calcula que em mais quatro dias de andança a expedição vai chegar ao ponto onde será possível fazer canoas e navegar. Diferente de outros dias, o sinal de chuva é visto como fator positivo pelo grupo. Trovoadas e relâmpagos significam, agora, mais água no rio e menos dias de caminhada.

*

Homens Invisíveis

No dia seguinte, o décimo terceiro de caminhada na mata, um dos mateiros da linha de frente quase pisa numa cobra surucucu de um metro de comprimento. O incidente ocorre meia hora antes da montagem do acampamento. Soldado e Possuelo correm atrás do bicho. Um dos tiros de espingarda calibre 20 acerta a cobra. A surucucu ainda atravessou um igarapé antes de ser atingida na cabeça.

Lonas armadas. Igarapé limpo para tomar banho e lavar panelas. Fogueira acesa e redes amarradas. À tarde, durante uma caçada, Kuinin e outros índios matises e marubos encontram, numa área próxima, um acampamento abandonado de flecheiros. Os isolados deviam ter estado ali havia pelo menos dois anos, calculam os guias. Há restos de um *tapiri* improvisado, e as estacas de sustentação da cabana de palha têm marcas de fixação de redes.

Numa varredura no local, os indigenistas acham restos de uma fogueira e cascas de cocos de patauá. O índio Papumpa Marubo aponta para uma pequena gaiola presa ao chão, muito utilizada no Vale do Javari no aprisionamento de filhotes de jacu, mutum e tracajá. Nas caçadas, as aves maiores são mortas, e as menores, levadas às aldeias para serem criadas pelas mulheres e crianças.

Um olhar mais atento identifica outras marcas da presença dos isolados na área. Os índios da expedição mostram aos indigenistas um caminho aberto até a margem de um pequeno igarapé, a 50 metros do *tapiri*. Pela trilha, Kuinin Montac Matis vê um pequeno corte na raiz de uma árvore.

— Criança brincou aqui — diz o intérprete.

Um menino ou uma menina do acampamento deve ter passado um tempo batendo na raiz com algo cortante enquanto os pais estavam em suas ocupações.

Por trás do *tapiri*, mais uma surpresa: os flecheiros tinham feito dois grandes cortes quadrados na raiz de uma grande árvore próxima ao *tapiri*, para abrir uma trilha até um córrego. Uma forma de facilitar a ida e vinda de adultos ocupados em retirar lenha ou caçar pelo lado norte da floresta.

Possuelo fica apreeensivo com essa descoberta. O grupo caiu no território proibido dos flecheiros. O objetivo da expedição é apenas circundar a área, conferir os limites da terra usada pelos isolados para caçar, plantar e colher frutos. Será um grande problema se encontrar algum isolado no caminho. Caso ocorra um contato, o pessoal terá de ficar semanas parado num trecho da selva, só poderá retomar a marcha depois de certificar-se de que nenhum índio foi atacado por vírus trazidos da cidade.

*

— Esse é o rio Jutaí — informa Possuelo.

O curso não se diferencia das dezenas de igarapés de cerca de dois metros de largura atravessados durante o percurso na floresta. As duas colheres de farofa de macaco distribuídas no décimo quarto dia de caminhada são insuficientes para conter o apetite. O trajeto do dia exige mais resistência e força. Depois de cinco horas de caminhada na selva, longe de qualquer sinal de outros brancos, os indigenistas encontram uma roça abandonada. Naquela parte da selva, entre as árvores, havia plantações de ananás, inhame, banana, mandioca e cana.

Ao se aproximar da roça, Tepi percebe que um dos pés de inhame foi arrancado momentos antes. Não há dúvida: alguém passou por aqui há poucos minutos.

Cinqüenta metros adiante, outro plantio. E mais outro. Ouvem-se passos. Ao cortar com facão um arbusto para abrir caminho, Soldado vê um isolado sentado em uma trilha na mata embrulhando tranqüilamente uma batata inhame em uma folha de palmeira.

O pessoal esquece a fome e o cansaço. Quem vinha atrás apressa os passos para saber se a história é verdadeira.

— Um flecheiro correu aí na frente — diz Soldado, enquanto acende um palheiro.

Ao ouvir o barulho dos facões dos mateiros da expedição, o índio corre na direção de um igarapé, entra pelas poucas aberturas da mata fechada e desaparece. Pela estimativa de Soldado, o isolado deve ter 20 anos e 1,65. Todos estão exaustos. A idéia inicial era montar acampamento na área próxima ao local onde o isolado foi visto, mas a circunstância obriga o grupo a andar mais três horas para amarrar as redes. Isso ocorre logo num dia em que os homens tinham comido apenas uma porção de farofa com carne de macaco.

No jantar, falta carne fresca. Possuelo proibiu caçadas na área. Latas de presunto são abertas. A refeição é reforçada com 20 piranhas pescadas no Jutaí. À noite, o pessoal arma um "montá" no centro do acampamento. Os homens se revezam na vigilância — uma dupla a cada hora. É difícil fechar os olhos. E as tracuás atacam de novo durante a noite.

*

Os temporais repentinos turvam as visões. Nas áreas de atoleiro da selva, o pessoal afunda até a altura das coxas. A chuva intensa, na manhã do décimo quinto dia de caminhada, tornou ainda mais difícil o percurso planejado pelos indigenistas. No trajeto, Orlando Possuelo aponta para duas palmeiras derrubadas das quais a parte alongada fora retirada. Uma paxiúba, ou palmeira barriguda, cresce até 15 metros e tem raízes aéreas. Sem o miolo, a "barriga" é amarrada a outra "barriga" com cipós, formando uma embarcação para até quatro homens.

Mais à frente, os indigenistas concluem que os flecheiros dominam a técnica de fazer canoas: uma jangada formada por três toras de paxiúba está abandonada numa praia do Jutaí.

Para chegar ao local da descoberta, é preciso passar pela espinhenta vegetação da praia. No cocho, mal cabem três homens.

Os sinais da presença dos isolados naquela área estariam à disposição de quem eles viam como inimigos: ribeirinhos e seringueiros de rifles nas mãos, uma gente com o costume de subir o rio uma vez a cada seis meses ou um ano. A primitiva forma de eles navegarem no rio era uma exigência do poder de fogo dos "civilizados".

Também nesta noite, no acampamento, o pessoal faz revezamento na vigilância. Maxupá Matis acaba confundindo os demais homens escalados para a segurança noturna. Ele entrou às 23h e deveria sair uma hora depois. Como o companheiro de plantão dormiu, Maxupá permaneceu na vigilância até as 2h, quando foi chamar dois índios kanamaris para rendê-lo. Os mateiros nada entenderam. De manhã, os cozinheiros reclamaram o sumiço de comida. Alguém aproveitou o trabalho noturno para comer, sorrateiramente, parte do arroz e da carne de macaco reservados para o almoço.

*

Um dia depois de os homens encontrarem a jangada dos isolados, o rio estava largo, propício à navegação. No entanto, Possuelo via riscos em parar e montar acampamento na áera. A caminhada deveria continuar. Sem galhos e troncos obstruindo o rio, ele teve dificuldades em explicar aos índios e mateiros a decisão de manter a caminhada.

— Canoa desce mesmo — diz Ivan Uaçá, numa das paradas na selva.

— Canoa? Até o *Kukahã* navega fácil nessas águas — retruca o mateiro Francisco Bezerra.

Mapas e relatórios indicam pelo menos três malocas de índios isolados na área. As casas foram avistadas em sobrevôos. Não tem quem não reclame de dores e calos nos pés. Os tênis e os coturnos se descosturam por causa da umidade da floresta e do calor das fogueiras.

No décimo sexto dia de caminhada, galhos quebrados por gente e picadas recentes são analisados pelos indigenistas. É latente o risco de o grupo deparar com um *tapiri* habitado, não identificado no sobrevôo. Além disso, integrantes da expedição, especialmente os que vêm atrás, podiam confundir as picadas feitas pelos isolados com a rota traçada pelos mateiros da frente.

Em clima tenso, o grupo atravessa um igarapé passando por cima de um tronco caído sobre a água. O pessoal da frente identifica pegadas recentes de gente no barranco do riacho.

— Tá fresco! — gritam os matises.

Os mateiros percebem que são marcas de tênis. Em vez de passar pelo tronco sobre a água, três kanamaris resolvem ir na frente do grupo e atravessar o igarapé por baixo do tronco e acabam dando um susto nos demais.

*

Os guias matises são boa companhia de caminhada. São sempre solícitos e ensinam formas de atenuar o cansaço. Oferecem cipós para mascar e canecas de água para aqueles da expedição que têm dificuldades de acesso aos riachos quando as margens são escorregadias e íngremes. Eles costumam parar com freqüência para descansar.

— Índio não tá acostumado a andar muito, não — explica Ivan Arapá.

Mesmo com carga nas costas, cansado e esbaforido, ele gosta de puxar conversa. Diz que pretende construir um *tapiri* só para ele na aldeia de Rio Novo. Vive bem com a mãe, o irmão e um sobrinho na maloca da família, mas quer algo só para si. Afirma que o projeto não inclui casamento. Até pretende "largar a namorada" ao voltar para casa. Quer encontrar outra.

Ivan Uaçá vive num mundo muito diferente de tudo que os brancos conhecem, mas nem por isso estes deixam de conversar com ele. Muito pelo contrário. Gostam de ouvir suas histórias. Índios e brancos sabem que possivelmente não se verão mais, não haverá um reencontro. O tempo gasto em bate-papos intermináveis não servirá para consolidar uma amizade. A maioria das histórias tem importância apenas naquele momento. Ali, eles não têm muito a lucrar conversando com um forasteiro. Certamente, as conversas suavizam o cansaço e a incerteza do momento. Mas parar na beira de um igarapé e ficar 15 minutos com as pernas esticadas também alivia. Todos querem guardar recordações da difícil viagem na selva. Para o repórter ou para o mateiro, a travessia entre os rios Itaquaí e Jutaí é a construção de um passado.

Fim de tarde na beira do Jutaí. Com o pôr-do-sol, as palmeiras de açaí ganham contornos mais definidos. No céu, nuvens cor-de-cobre. A mata vai ficando mais escura. A temperatura da água do rio, nem fria nem quente, é ideal para um banho no porto de madeira construído pelos mateiros. Dispensa-se a toalha, o vento é suficiente para secar o corpo e a roupa de banho. Não há mais abelhas nem formigas. Do outro lado do rio, na margem esquerda, começam a irromper os sons da noite.

Não há mais o reflexo do sol no leito do rio. Aumenta a fumaça da fogueira do acampamento. As muitas tonalidades do verde da floresta se reduzem agora a um verde único, escuro e denso. Então, as nuvens se tingem de cinza-escuro, e o céu, de azulacinzentado. Dentro da mata, uma orquestra de grilos, sapos e rãs substitui os gritos dos macacos guariba e o canto dos pássaros.

*

Houve uma época em que o governo pagou cientistas para seguirem supostos rastros de gente loira de olhos azuis na Amazônia. Durante o Império, arqueólogos entraram na selva confiando encontrar sinais de vikings e fenícios.

Após a independência, eclodiram revoltas em vários pontos do país. No Rio Grande do Sul, os farroupilhas ficaram dez anos lutando contra o Império e reivindicando a instalação da República. No Nordeste, houve a Confederação do Equador, e seus líderes foram fuzilados ou enforcados.

Isso ocorria num momento em que o Estado incentivava escritores a publicarem obras sobre o país. O Brasil precisava *fabricar* sua história. Mas havia um problema: ao Império não interessava divulgar em livros a história conturbada daquele período. Assim, os primeiros arqueólogos brasileiros concentraram suas pesquisas na suposta existência de civilizações avançadas e heróicas que comprovariam semelhanças entre os índios daqui e os povos nórdicos. Na primeira fase da arqueologia nacional, os pesquisadores não estavam preocupados com a origem das tribos. Eles queriam provar que, antes da chegada dos portugueses, existia um Brasil civilizado. Foram atrás de uma cidade perdida no interior da Bahia, em aventura financiada pelo Instituto Histórico e Geográfico Brasileiro (IHGB), criado em 1838 pelo governo. Iniciava-se aí uma série de viagens e artigos nos jornais sobre fantasiosas presenças de vikings e fenícios nos mais remotos cantos do Brasil — um delírio que durou mais de dez anos. Transmitia-se à nação a mensagem de que ela possuía um passado que lhe fornecia os elementos necessários para confiar no futuro.

Os primeiros registros sobre as "cidades perdidas" haviam aparecido ainda no período colonial. Em 1753, o português João da Silva Guimarães contou ter descoberto, durante expedição de busca de ouro e diamantes, uma cidade no alto de uma colina "a oeste de Minas Gerais". "Encontramos uma avenida larga e, por toda parte, havia colunas quebradas. No meio de uma praça quadrada, uma coluna preta, encimada pela estátua de um homem com a mão esquerda apoiada no quadril e a direita estendida, apontando para o norte. Ingressamos num saguão, onde havia muitas efígies de pedra."

Mais tarde, na década de 1850, apareceram dúvidas sobre a existência das "cidades perdidas". Como ninguém conseguia chegar às ruínas de fenícios e vikings, o jeito foi tentar encontrar digitais de gente de olho claro nas fisionomias dos índios ou mesmo em pinturas nas peças de barro. Ladislau Neto, um dos arqueólogos financiados pelo IHGB, "identificou" na cerâmica marajoara traços da cultura européia. Por volta de 1870, surgiram teorias afirmando a superioridade dos europeus em relação aos nativos e negros. Os arqueólogos deixaram de procurar vestígios da Europa nas terras dos índios.

*

De pouca conversa, Orlando de Moraes Possuelo, que está para completar 18 anos, é o contraponto da tensa relação entre o pai, Sydney, e os demais homens da expedição. Nas rodas de conversa, na mata, Orlando ouve reclamações dos mateiros e, discretamente, concorda com as críticas ao temperamento enérgico do sertanista, mas sempre fazendo a ressalva de que sente orgulho da atividade do pai.

O aniversário de Orlando — registrado com este nome em homenagem ao mais conhecido dos irmãos Villas Bôas — é um dos poucos momentos em que Possuelo se mostra menos duro e inflexível. Abraça o filho, chora e autoriza Mauro Fortes a acender uma vela e a repartir uma lata de goiabada entre os 34 homens.

A família Possuelo mora em Brasília. Graças à atividade do pai, Orlando teve uma infância e adolescência diferentes dos amigos e colegas de escola. Na casa da família, de classe média, fotos de índios nus, flechas e cocares pendurados nas paredes da sala causavam sensação. Orlando conta que muitos índios pernoitaram ou se hospedaram em sua casa. Ele se recorda especialmente do awá-guajá Carapiru. O índio costumava esconder restos de comida no travesseiro, ficava fascinado com os desenhos animados na televisão e não entendia por que a casa era dividida em cômodos nem compreendia a utilidade de cada ambiente.

Carapiru fora encontrado por Possuelo perambulando sozinho por uma cidade do interior da Bahia. Seus parentes haviam sido mortos por não-índios que atacaram a aldeia onde morava, no Maranhão. Ao massacre sobreviveram Carapiru e um filho pequeno. Os dois percorreram durante dez anos a Serra da Desordem. Passaram muita fome. Em dado momento, acabaram se desencontrando. Quando Carapiru estava hospedado na casa de Possuelo, um indiozinho awá-guajá foi encontrado no interior da Bahia por funcionários da Funai, que já haviam trabalhado com Possuelo e sabiam da presença de Carapiru em Brasília. E foi assim que os dois acabaram se reencontrando, na sala da casa da família Possuelo. Em 2006, o cineasta Andrea Tonacci, que participou da primeira fase da expedição, ganharia o principal prêmio do Festival de Cinema de Gramado com o filme *Serras da desordem*, sobre a história de Carapiru.

Quanto mais a expedição avança na selva, mais aparecem contornos do retrato falado dos flecheiros. Andar por aqueles caminhos sombrios mexe com os nervos dos integrantes da expedição. O menor som que ouvem na mata lhes causa aflição:

HOMENS INVISÍVEIS

— Isso não é passarinho, não! — diz Soldado ao escutar um pio vindo do leste, no décimo sétimo dia de caminhada. Índios bravos estão se comunicando por código, acredita o mateiro.

De repente, surgem dez cabanas de palha montadas às margens de um lago. O clima de tensão aumenta, mas logo se descobre que os *tapiris* não estão mais habitados. Em um deles, os homens descobrem uma panela de barro com 27 centímetros de diâmetro. Possuelo ordena ao pessoal que mantenha intacto o local. Ele explica que as cabanas de palha são um acampamento dos índios donos da panela de barro que saíram da aldeia a caminho dos rios, para pescar, e podem estar mais à frente, ao lado ou pouco atrás do grupo.

Geralmente, objetos frágeis e pesados como a panela de barro não são levados em deslocamentos de longa distância. O achado reforça, na avaliação de Possuelo, a necessidade de ações para impedir a entrada mesmo de índios aculturados no território dos flecheiros.

A cerâmica é a mais antiga e confiável evidência da presença humana em grande parte da Amazônia. Não foi em machados nem em outros instrumentos de pedra que ficou evidenciada. É que a pedra é pouco comum na região, e a floresta úmida é implácavel com objetos feitos de osso e madeira. Os especialistas afirmam que no ano 500 a.C. já se fabricavam peças de barro na região.

No acampamento vazio, Ivan Uaçá confidencia, para um grupo restrito, ter medo de flecheiros. Ele chama a atenção para sinais de uso de zarabatanas pelos flecheiros. Aponta marcas da arma na cobertura de um dos *tapiris*.

A zarabatana é um tubo de madeira ou talo de palmeira, de até 4m de comprimento, por onde se sopra uma minúscula seta.

157

Mas desde os primeiros estudos nos territórios dos flecheiros, nos anos 1970, não havia sido constatado que esses índios usassem zarabatana. Quando um adulto é atingido pela seta, molhada no curare (veneno feito de cipós e ervas), perde rapidamente a respiração. Para se salvar, a vítima precisa de uma incisão na traquéia.

A poucos metros da cabana onde estava a panela de barro, os mateiros montam nosso acampamento. À noite, muitos homens reclamam de diarréia e dor de barriga, que atribuem à farofa com carne de macaco, principal refeição servida neste trecho da viagem. O guia ribeirinho Raimundo Lima tem febre. Os homens estão há 17 dias caminhando na selva.

*

O pessoal ouve um grito forte. A princípio, alguns pensam que é de um integrante da expedição. Não é. Dois homens nus, com cerca de 20 anos, cabelos pretos, correm quando percebem a presença de estranhos na floresta. São índios isolados e parecem estar desarmados. De acordo com a descrição dos mateiros, os dois não usam pintura no corpo e têm o pênis amarrado pelo prepúcio ao quadril com um cipó. Fogem correndo sobre o galho que liga uma margem a outra de um igarapé, deixando rastros na folhagem e no barro das margens do riacho. Mais adiante, um deles volta a gritar.

Possuelo, à frente do grupo, manda que o guia matis Tiemã, o marubo Papumpa e o kanamari Narean se adiantem e tentem se comunicar com os dois flecheiros, que ainda estão nas proximidades. Narean tenta explicar aos dois flecheiros que a expedição só está de passagem, não quer chegar perto deles.

— A gente não faz mal, não, parente! — diz Narean na língua katukina.

Um dos flecheiros ainda responde com um grito, e a dupla continua a correr. Cem metros à frente, alcançam um tronco de 50 metros tombado sobre o rio Jutaí para servir de ponte, com improvisado corrimão feito com galhos e cipós. A ponte é a prova de que os isolados dominam as duas margens do rio.

Ivan Arapá explica que os índios amarram o prepúcio com cipó para não correr risco com o órgão masculino durante caçadas e andanças no mato. O costume começa na adolescência. É uma providência que serve também para condicionar o funcionamento do aparelho urinário e genital. Quando retira o cipó, o índio tende a urinar. Em muitas tribos, segundo relato de Darcy Ribeiro no livro *Diários índios*, o cipó é utilizado ainda para evitar a exposição da glande, que não pode ser vista pelas mulheres.

A 6,5 quilômetros dali, na margem esquerda, por onde os dois índios correram para depois passar a ponte, três malocas de isolados haviam sido registradas em sobrevôos por Possuelo dias antes do início da expedição. O sertanista decide não atravessar o rio. Duas panelas de alumínio são deixadas na margem direita, na extremidade da ponte.

— Isso é apenas um pedido de desculpas. Contato só com extraterrestres — brinca Possuelo. Ele sabe que agora a expedição está dentro de um território proibido.

Cansados e sem comer durante sete horas de caminhada, os mateiros têm de andar mais uma hora para manter distância dos dois índios isolados e de outros que possivelmente estão escondidos às margens do rio. Ao chegar a um novo local propício para montar as redes e fazer a cozinha, na praia da margem direita do Jutaí, o grupo se depara com mais uma ponte primitiva. Esses encontros inesperados com os isolados deixam Possuelo preocupado. Como medida de segurança, manda que os mateiros se enfileirem com as espingardas, ao anoitecer, na margem do rio. Ao ver o número de homens e armas, quem estivesse no outro lado do rio teria receio de atacar.

Ninguém suporta mais caminhar. É impossível se manter em pé. Muitos mateiros continuam sofrendo fortes dores de estômago e diarréia. Outros ainda se recuperam da malária. O jeito é dormir ali.

À noite, o mateiro Amarildo Costas, o Pelado, sonha com índios "bravos" entrando no acampamento. Os flecheiros levam facões e machados. Pelado grita para os índios largarem as ferramentas, acordando o pessoal da expedição. Não é o primeiro a ter pesadelos. Há poucos dias, o cozinheiro Mauro Fortes foi agarrado e arrastado por dezenas de macacos-barrigudos. O chefe dos bichos ordenou ao bando esticar as mãos e pernas do cozinheiro. E retirou um facão de lâmina afiada. Mauro acordou desesperado.

Na rede, o pessoal pensava nas cenas movimentadas da caminhada. Ao lembrar o grito do isolado ecoando na floresta, um grito de medo, pensei na idéia tão difundida de que comunidades primitivas vivem em um outro tempo, o passado. Na avaliação de Possuelo, se teve medo, é porque sabe da ferocidade do homem branco. Muitos caçadores passaram por aqui, atirando e matando. Os guias ribeirinhos sempre dizem que os isolados são atrasados. A todo momento os mateiros brancos lembram de saques feitos pelos índios a acampamentos nos seringais, dos ataques nas beiras dos rios. Eles parecem ter consciência de que, ao "resolverem" seus problemas com os "bravos" com as próprias mãos, vivem no tempo dos isolados.

Em vez de mostrar a face original do ser humano, pessoas como os flecheiros podem revelar como é a vida de refugiados de uma guerra. Um conflito no qual a sociedade estrangeira, a branca, está num dos *fronts*. Seria, então, arbitrário, na avaliação da maioria dos pesquisadores, chamar os isolados simplesmente de primitivos. Eles podem apresentar rituais elaborados, uma visão de cosmologia e uma organização social mais complexas e ousadas. Um machado de pedra, por exemplo, é um instrumento superior, do ponto de vista ecológico, a uma motosserra. Possuelo não descarta que os flecheiros possam adotar tecnologia dos brancos, como facas e machados. Há ainda a possibilidade dos isolados terem, dentro de suas aldeias, pessoas brancas, raptadas em ataques a povoados ribeirinhos.

3

De longe, o pessoal percebe um objeto prateado entre cabanas e árvores na beira de um lago. A luz do sol da tarde reflete na peça metálica, que destoa do marrom e do verde da terra e da vegetação. Lentamente, quase rastejando no chão úmido, os guias se aproximam do acampamento, montado possivelmente pelos isolados. Entre os *tapiris*, está o objeto, de 40 centímetros de diâmetro. Foi utilizado por um grupo de flecheiros que estava a caminho da praia do rio. Os ribeirinhos da expedição conhecem muito bem a peça. Trata-se de uma panela de alumínio, possivelmente deixada para trás devido a um furo no fundo.

Quem trabalhou na extração de látex sabe que o utensílio daquele tamanho e modelo era o mais usado por seringueiros nos ranchos. É possível que os isolados tenham roubado a peça numa frente de extração de borracha. Esta região — Vale do Javari — deixou de produzir látex no início dos anos 1990.

Possuelo examina a panela, faz anotações. O pessoal retoma a caminhada. Horas depois, monta barracas para pernoitar. No novo acampamento, os mateiros e indigenistas comentam os vestígios encontrados durante a caminhada do dia, como a panela de alumínio e as roças de cana, mandioca e ananás. Ivan Arapá estima que há dois meses os donos das plantações colheram cachos de banana usando instrumentos cortantes de brancos.

— Terçado, terçado, sim — diz Arapá, referindo-se ao facão utilizado na colheita.

Também para fazer a roça, os isolados teriam utilizado facão e machado na derrubada de árvores. A disputa por esses instrumentos é uma das principais causas dos choques entre índios e seringueiros, madeireiros e caçadores, segundo os indigenistas. Uma aldeia não hesita em declarar guerra e iniciar uma luta contra brancos por causa de objetos de metal. Quem na tribo possuir uma ferramenta dessas terá poder e será alvo de admiração.

A maior agressão enfrentada pelos isolados, porém, não teve relação com a disputa por objetos de metal. Em 1984, cerca de 200 homens contratados pela Petrobras invadiram o território dos isolados. Era o início de um capítulo sangrento da História do Brasil envolvendo a empresa estatal de petróleo e até agora desconhecido. Está registrado nos arquivos da Fundação Nacional do Índio, em Brasília e Tabatinga. A companhia petrolífera e a Funai sabiam dos riscos, segundo um documento do Ministério da Justiça elaborado à época da demarcação das terras do Vale do Javari, mas, mesmo assim, a ocupação da área foi consumada.

Os defensores da exploração do subsolo da região sabiam como enfrentar possíveis resistências dos índios. "É possível ser feito esse trabalho com uma equipe de homens em número bem elevado para assim ser feito em curto espaço de tempo", diz o documento.

Depois de estimar a presença de cerca de 25 índios em um dos locais de extração — incluindo mulheres e crianças —, a empresa deslocou dezenas de trabalhadores brancos para a área. Num dos ataques dos índios, dois funcionários da Petrobras morreram.

Relato do sertanista Pedro Coelho, escrito em 1985, dá a dimensão do caso: "É simplesmente trágica e irreparável a situação vivida pelos índios habitantes dessa área. Nos seguidos vôos de helicópteros, vimos todas as malocas queimadas e seus moradores dispersos na mata, retornando ao local da aldeia somente para zelar (por) suas roças." Provavelmente, a partir dessa época os índios tenham intensificado o uso de técnicas de guerrilha para sobreviver ao avanço do homem branco.

É fato que os isolados vivem como nossos mais distantes antepassados, sem palitos de fósforo ou instrumentos de metal. Mas vez ou outra entram no túnel do tempo e caem no presente. Ao trocarem de tempo, no entanto, esses índios só podem contar com as armas e técnicas de defesa pré-históricas, inferiores ao poderio do inimigo branco, que com o simples movimentar de dedos derruba vários homens.

A Funai registra uma série de expedições punitivas contra índios isolados comandadas por matadores profissionais. Em 1987, uma dessas expedições arrasou uma maloca de flecheiros que haviam atacado um acampamento de madeireiros à margem do igarapé São José e ferido um deles. A Funai não tem registro do número de índios que foram mortos no ataque. No mesmo ano, outra expedição emboscou e matou índios acampados na mata fechada. O último confronto envolvendo flecheiros registrado pelo governo ocorreu no igarapé Alegria, à margem direita do Jandiatuba. Dois madeireiros morreram. Antes, no final dos anos 1970, o madeireiro Flávio Azevedo já havia contratado e armado índios-seringueiros para massacrarem isolados no Alto Itaquaí.

*

A malária atingiu Soldado, Raimundo Lima, Damã Matis e Kuinin Montac Matis. Todos os mateiros, índios e indigenistas estão com dor de barriga e diarréia. No acampamento, os tipos de formigas são agora mais numerosos. A picada causadora da dor mais intensa e prolongada é a da tocandeira, ou tocandira, ou ainda formigão preto. E há também a formiga tachim, a tracuá e a fogo. A abelha lambe-olho é inofensiva, mas você não imagina o desconforto que é ser atingido na vista por uma delas. Ou ser picado por muriçocas, pernilongos, carapanãs e piuns, ou arranhado por espinhos. Os rostos dos homens ficam cobertos de manchas.

E vem o receio da cobra papa-ovo e da coral, da proximidade de surucucus e jararacas. Há perigo de ataque de bando de porcos-do-mato, de verme sanguessuga no rio. Incomodam os calos, o arranhão na barriga e na testa, as unhas encardidas. Para os que estão com malária são intensas a friagem durante as crises, a dor de cabeça e a tonteira e é difícil suportar o gosto do remédio para baixar a febre.

As nuvens e as árvores atrapalham a comunicação pelo rádio. É maçante ouvir a repetição dos códigos usados durante uma conversa por rádio — "QSL!", "QRU!", "QRM!", "Na escuta!" e "Prossiga!".

O rio desce entre galhos e troncos, um urubu-rei voa baixo no final da tarde.

*

Por volta de 6h30 do décimo nono dia de caminhada, o cozinheiro Mauro Fortes põe duas colheres de farofa de macaco na sacola plástica de cada mateiro. Fortes alerta que a comida deve ser consumida antes do meio-dia, pois incluíra na farofa um pouco de feijão, que pode azedar. Ribeirinhos e matises mais afobados comem a farofa poucos minutos depois de deixar o acampamento. Acabam sentindo fome ao final da tarde. A maioria, no entanto, abre a sua sacola às 11h. E é exatamente nesse dia que Narean e Makowana Kanamari decidem seguir, sem permissão de Possuelo, os rastros dos isolados, e se perdem na floresta.

Meia hora após iniciar a caminhada, o pessoal que abria a trilha vê rastros de gente no barranco de um igarapé. Todos passam a ter a sensação de estar sendo acompanhados e vigiados por pessoas escondidas na mata. Logo, a expedição topa com uma trilha aberta pelos flecheiros.

Um galho cortado bloqueia simbolicamente o caminho.

Possuelo decide pela abertura de um desvio. E explica:

— Todo índio usa galho para proibir visitas.

Então, o grupo segue por uma picada aberta pelos mateiros da frente. Pouco depois, os homens fazem a primeira parada do dia, à beira de um igarapé. Alguns sentam no chão úmido, outros bebem água, outros jogam conversa fora. Possuelo começa a conferir se todos estão ali e logo é avisado por um matis de que Narean e Makowana haviam sumido.

— Alfredo (Makowana) passou por cima do galho — diz Ivan Arapá. — Kanamari não sabia perigo, não.

A princípio, Possuelo parece não acreditar. Acha que os kanamaris, mesmo que tenham pulado o galho, não podem ter ido muito longe. Por via das dúvidas, manda sete mateiros retornarem à área em que o sinal foi deixado pelos flecheiros. Os kanamaris não se atreviam a percorrer sozinhos nem em grupos pequenos as cabeceiras desde 1993, quando oito deles foram mortos por flecheiros.

Com a permissão de Possuelo, os três jornalistas da expedição acompanham os sete mateiros no resgate dos dois kanamaris. Após contornarem a primeira curva, os mateiros passam a correr. O repórter Scott Wallace não consegue acompanhá-los e volta à margem do igarapé onde estão Possuelo e os demais homens.

Ao ver o galho, o pessoal do resgate diminui a velocidade. Logo depois, os homens entram na roça de mandioca e na aldeia até então desconhecida dos flecheiros, que fogem para o mato. Não há sinal dos dois kanamaris.

Ao entrar numa maloca, os mateiros encontram uma zarabatana, algodão selvagem e pequenas setas usadas nessa arma, o que mostra que os isolados do Jutaí não usam apenas arco e flecha, não são apenas flecheiros. Com cerca de quatro metros, a zarabatana é um instrumento desenvolvido pelos povos de língua pano. Essa gente chegou à região no ano 300 e se refugiou nas cabeceiras por volta de 1300, fugindo de índios tupis.

Há um pedaço de zarabatana no terreiro. A peça tem detalhes decorativos feitos com cascas de ovos de jacu, de coloração esverdeada coladas com resina extraída de árvores. Os morado-

HOMENS INVISÍVEIS

res da aldeia fugiram com as melhores armas, deixaram vazios vários potes de guardar pontas de flechas.

Nenhum sinal dos dois kanamaris.

Meia hora depois, Possuelo e Soldado resolvem ir atrás dos nove homens, que não tinham dado notícias. Ao chegar à aldeia, o sertanista logo vê o tamanho do problema. Tenso, lembra da fase de recrutamento dos kanamaris que agora são guias da expedição. Na ocasião, a mãe de um deles lhe pediu para tomar conta do rapaz e devolvê-lo com vida. Em 36 anos de sertão, Possuelo perdeu inúmeros companheiros em situações como essa. Ao sair da aldeia dos flecheiros, o pessoal deixa três panelas de alumínio amarradas num varal de cipó perto do portal formado por galhos e trepadeiras: é uma indicação, para os flecheiros, de que a expedição não tem caráter hostil. Com isso, Possuelo tenta garantir sobrevida aos dois kanamaris. O indigenista volta à margem do igarapé, onde estão os demais homens, e ordena a retomada da caminhada. Mais adiante, os mateiros montariam acampamento, de onde tentariam resgatar os kanamaris.

Os homens da expedição não conseguem ir muito longe. Encostados em troncos de árvores, os guias tentam recuperar forças para continuar a caminhada. Todos sabemos que os flecheiros estão por ali, escondidos na mata. Por determinação de Possuelo, Soldado e outros mateiros vão fazer uma varredura pelas margens do igarapé.

— Seu Sydney, o pessoal encontrou rastros de Wilson e Alfredo! — diz um mateiro, afobado.

Minutos depois, um outro mateiro, do grupo de Soldado, nega o que disse o primeiro. Mas um terceiro mateiro insiste:

— Eles acharam alguma coisa.

As versões desencontradas reforçam as dúvidas e o clima de suspense.

— Estão vivos, sim! — grita Raimundo Lima, que chega correndo, vindo de dentro da mata.

Enquanto os homens começam a dar socos no ar, numa espécie de comemoração, Possuelo mantém a cara fechada:

— Só vou descansar quando encontrarmos os dois.

Trinta minutos se passam, e nada dos kanamaris.

Possuelo sabe que, como qualquer outro povo, os isolados são capazes de tudo para garantir a sua vida e a de suas mulheres e crianças. Uma luta cada vez mais difícil. Os isolados estão acuados pela civilização branca, que os empurrou para as cabeceiras, dominando aos poucos as margens dos rios e a floresta em volta, e a todo momento sofrem ameaças.

Os ataques não vêm apenas por terra. Uma mudança de clima em decorrência de ações humanas pode ser tão prejudicial aos povos da floresta quanto grupos armados e bombas. Um relatório do Instituto Brasileiro de Meio Ambiente e Recursos Naturais Renováveis (Ibama) mostra os efeitos da devastação da mata no ciclo da vida. Na região de Altamira, no Pará, houve um retardamento do início do inverno. Em janeiro e dezembro, primeiros meses do período de chuvas, a temperatura média foi de 2º C acima da média dos anos anteriores. Com o déficit de chuvas, o rio Xingu ficou irreconhecível para ribeirinhos e índios. Em janeiro, a vazão do rio chegou a 150 mil metros cúbicos por segundo. No ano seguinte não passaria de 50 mil.

Mais recentemente, constatou-se que o avanço da cultura da soja está matando muitos dos afluentes do Xingu. Os índios estão revoltados com o fato de agora ser possível atravessar o Xingu a pé.

Nas comunidades esquecidas da Amazônia é mais fácil perceber como o meio ambiente determina a vida. A simples marcação do tempo pelos índios, segundo antropólogos, leva em conta o movimento das águas, os ventos, o comportamento dos bichos e o morrer e nascer das folhas. A leitura do relógio natural na floresta é complexa. Não basta identificar a cor do rio ou do céu para saber, por exemplo, quando começa o verão ou o inverno. É preciso acompanhar o rastro dos sapos, das antas. Ver a árvore que secou, a planta que floriu na beira do igarapé. Um conhecimento passado de geração para geração. Por isso, incêndios e derrubadas de florestas quebram e desmontam o relógio de quem aprendeu a contar o tempo com seus pais e avós.

Mateiros encontram marcas de kichute no barro molhado da margem do igarapé, a dois quilômetros do local onde o restante do grupo ficou. Começam a gritar:

— Wilson!

— Alfredo!

Soldado atira para o alto. Se estiverem na área, os dois kanamaris saberão que o grupo procura por eles. Soldado vê dois homens encurvados debaixo de trepadeiras e com as pernas na água do igarapé. Vai chegando perto, mais perto. São eles — Narean e Makowana. Estão vivos, mas visivelmente apavorados, tremendo. O barulho da espingarda aliviara o sofrimento dos dois, que antes pensavam estar sendo perseguidos pelos flecheiros.

— A gente correu muito de flecheiro — diz Narean, ainda em pânico.

171

Narean relata a Soldado que ele e Makowana só acreditaram que a aldeia não era de parente, mas de flecheiros, ao verem a vistosa roça de mandioca.

— Ôpa, tô perdido! — conta Narean, descrevendo o que pensara ao ver a roça de *tawá* (mandioca) diferente dos plantios feitos por sua gente nas aldeias do Itaquaí.

Conta também que os flecheiros reagiram aos gritos. Foi nesse momento que os dois kanamaris, atordoados e sem rumo, chegaram a entrar numa das malocas. Depois, escapuliram da aldeia às pressas por uma trilha aberta atrás das cabanas pelos isolados. Na corrida, desceram o morro e seguiram pelas margens do igarapé.

*

No local onde estão Possuelo e os demais, Narean e Makowana, ao relatarem a aventura, tentam, aparentemente envergonhados do medo que sentiram, minimizar o fato:

— A gente parou pra pescar e assar peixe — diz Narean.

Possuelo está aliviado:

— Agora entendo o motivo de Rondon bater com vara nos indisciplinados.

Possuelo descarta a idéia de encerrar o trabalho antes do previsto, mas sabe que é preciso sair imediatamente do território ocupado pelos isolados. O sertanista manda os homens se apressarem. A caminhada é retomada. No meio da tarde, todos estão exaustos.

O sumiço dos dois kanamaris serve para a maioria dos homens recuperar o estado de alerta. Os cuidados que todos são agora obrigados a tomar tornam mais lenta a caminhada rumo a uma área de pernoite.

No acampamento, Possuelo reúne todos os homens à beira de uma fogueira. Chateado com o incidente, o sertanista diz para os kanamaris que eles poderiam ter sido mortos pelos flecheiros. Explica que os isolados não sabem que kanamari é bom, que matis é bom, que marubo é bom.

O pessoal lembra os sobressaltos da busca aos dois kanamaris. A ansiedade que sentiram ao entrar na aldeia dos flecheiros, o grande terreiro mergulhado em fumaça, os potes de barro e utensílios espalhados — tudo vem facilmente à memória. O pedaço de zarabatana retirado da aldeia por Paulo Welker se torna sensação na roda de conversa do acampamento. Estava confirmada a afirmação feita dias antes por Ivan Arapá de que os isolados flecheiros, além de arco e flecha, usam a arma de sopro. E fabricam o instrumento com a perfeição dos matises e dos marubos.

— É boa, igual zarabatana de matis — constata Ivan Arapá.

Possuelo conta um episódio que parece confirmar que os dois kanamaris estiveram, enquanto fugiram, sob a mira das flechas dos isolados. Durante o trabalho de contato com os araras, nos anos 1970, Possuelo foi ver se os índios tinham aceitado os presentes deixados num *tapiri*. Ao abrir uma porteira, não viu que havia dois índios por perto, na mata. Um deles chegou a apontar uma flecha para suas costas. O sertanista só foi saber disso anos depois.

— Você quase morreu naquele dia — contou-lhe, tempos mais tarde, a índia arara Coré-Coré, ao relembrar o contato da tribo com o sertanista.

Naquele mesmo dia, dois colegas de trabalho de Possuelo foram flechados pelos araras.

No início de sua atividade de sertanista, Possuelo sonhava fazer muitos contatos com tribos isoladas. Hoje, consciente de que a presença dos brancos é uma ameaça à saúde dos índios, tem pavor de uma aproximação com esses povos. O contato é o último recurso adotado por ele para evitar o fim de um povo. É uma trilha sem volta. O sertanista confidencia que se sente frustrado toda vez que visita os araras e os paracanãs, índios que contatou.

— É uma grande frustração ver cabisbaixos homens que um dia encontrei altivos, falando alto, lutando por seu espaço e dominando a sua língua.

O episódio do sumiço dos dois kanamaris não seria o último aborrecimento de Possuelo durante a viagem. Dias depois, no acampamento das canoas, o sertanista veria um de seus subordinados mostrar claros sinais de loucura. Ninguém negava ter ficado um pouco mais bruto com a experiência na selva, mas a alteração do comportamento daquele integrante do grupo chegaria ao ponto de causar problemas de convivência na expedição.

*

Na manhã seguinte à entrada na aldeia dos flecheiros, muitos galhos quebrados e pegadas de isolados são encontrados nas primeiras quatro horas da caminhada. A partir de 11h, os sinais da presença dos índios começam a diminuir. Surgem seringueiras com a clássica seqüência de cortes no tronco, sinal de atividade extrativista. Mas são sinais antigos. Pela estimativa de Soldado, essas seringueiras — cada vez mais numerosas na picada aberta na mata — deixaram de ser exploradas há pelo menos 20 anos.

Antes de escolher um lugar com certa segurança para acampar por tempo prolongado, o comando da expedição começa a discutir a melhor forma de descer o Jutaí. Alguns mateiros sugerem a construção de grandes jangadas, feitas com toras de palmeiras. A idéia é rejeitada por Possuelo, que não considera seguro esse tipo de embarcação e quer que o grupo construa canoas. Mas todos estão com pressa de voltar para casa e insistem nas jangadas, que podem ser feitas mais rapidamente. Prevalece, porém, a determinação do sertanista.

Depois de 22 dias de caminhada na floresta, a expedição chega, às 16h de um sábado, à praia onde seriam feitas três canoas para descer o Jutaí e voltar à cidade. O grupo navegou até aqui 1.100 quilômetros em barcos motorizados e atravessou a pé 267 quilômetros de selva superando mais de 200 morros. O projeto inicial era andar um percurso de 125 quilômetros, com 24 horas de descanso a cada cinco dias.

O perigo ainda é grande. O grupo precisa fazer o mais rápido possível as canoas e sair defitivamente do território proibido dos flecheiros. Todos têm pressa em deixar a área. Ali, os flecheiros conhecem cada buraco na terra e cada árvore. Dominam a região e podem acompanhar a distância os passos da expedição. Só mesmo os mateiros mais experientes e alguns índios matises sabem identificar quando os pios de jacamim são emitidos por essa ave e quando são usados pelos flecheiros como código de guerra.

O local de montagem do acampamento é delimitado num terreno, à margem direita, cerca de três metros acima do nível do rio. Palmeiras açaí e paxiúba margeiam um lado e outro do Jutaí. Possuelo considera a largura e a profundidade do rio suficientes para navegação. O retorno seria mesmo feito a remo. De acordo com a localização geográfica obtida por meio do GPS, a área do acampamento — o maior montado pelo grupo desde as águas do Itaquaí — fica na posição 6°9'39"S (6 graus, 9 minutos e 39 segundos Sul) e 69°51'25"W (69 graus, 51 minutos e 25 segundos Oeste).

*

Após duas horas de caçada, Papumpa aparece no acampamento à beira do Jutaí, à tarde, com um mutum nas costas. A enorme ave, de penas pretas e bico avermelhado, encobre boa parte do corpo do mateiro. Num barranco do rio e diante das máquinas fotográficas dos jornalistas, posa com a caça nos braços. Pacientemente e com gosto, ele atende a todos os pedidos dos fotógrafos: rindo, abre as asas do bicho, segura-o de um lado, de outro, muda de posição para não ficar contra a luz, afasta-se para a direita, para a esquerda, um pouco para trás, para a frente. Os fotógrafos terminam seu trabalho e se retiram, Papumpa desce ao pequeno ancoradouro com a ave nas costas para limpá-la na água do rio. Agora, sem precisar atender a pedidos dos fotógrafos, ele faz o gesto mais espontâneo e natural: ainda com o mutum nas costas, estica os braços e abre as asas do pássaro. Na luz esmaecida do fim do dia, o preto das penas do mutum confunde-se com o moreno da pele do índio, que dá a

HOMENS INVISÍVEIS

impressão de ser um grande pássaro de asas abertas, diante do rio. Só semanas depois, quando conferi os negativos, percebi que havia apertado o botão da máquina no momento em que ele se aproximava da água. Foi a melhor das fotos daquele dia.

Engraçado foi saber, bem depois, que a atitude de Papumpa ao carregar a ave nas costas ilustrava, independentemente de sua vontade, a visão de vida dos marubos. Os seres humanos, na tradição desse povo, se formam a partir da união de membros de bichos mortos da floresta. Também surgiram dessa forma a terra, a lua, as águas, os peixes e as árvores.

Os marubos acreditam na existência de vários céus e terras. O universo é formado por diversas camadas. Os homens vivem na camada terrestre superior, chamada névoa. Essa crença lembra o conhecimento dos brancos sobre o globo terrestre: a atmosfera compõe-se de cinco camadas: troposfera, estratosfera, mesosfera, termosfera e exosfera. Quanto mais se sobe, mais rarefeito torna-se o ar, exigindo que alpinistas, por exemplo, carreguem reservas de oxigênio. A partir da estratosfera, a cerca de 20 quilômetros do solo no equador e a 10 quilômetros nos pólos, não dá mais para respirar naturalmente. A termosfera, a 450 quilômetros, é considerada a mais quente, pois ali a radiação solar é absorvida pelas móleculas de ar. A temperatura nessa camada pode chegar a 2.000° C. A última camada, a exosfera, parte externa da atmosfera, fica a 900 quilômetros.

Além de enxergar vários céus, um marubo acredita na existência de duas almas, a da direita e a da esquerda. Para os índios, a camada celeste mais importante talvez seja, segundo o antropólogo Júlio Cesar Melatti, da UnB, a segunda de baixo para cima, pois para lá vão suas almas após a morte, num percurso cheio de perigos, sucumbindo quem não seguiu em vida as regras da comunidade. Nessa segunda camada, os índios têm suas peles trocadas e renovadas.

Os homens aproveitam o sol de uma manhã de domingo para retirar dos sacos e mochilas todos os enlatados e pacotes de farinha, fubá, milho e macarrão carregados nas costas durante a caminhada de 22 dias. Os alimentos são armazenados em uma despensa de madeira construída no terreiro, entre a cozinha e o barranco do rio. Ali ficam as panelas e talheres.

Ainda é preciso limpar a praia ao longo do barranco. Alguns mateiros enfrentam água até o pescoço para, com facões, retirar da beira do rio galhos e troncos que represam a água. Depois de duas horas de trabalho, a água limpa do rio está correndo perto da areia, onde antes havia poças entre os galhos e troncos. É a água que será consumida pela expedição.

Como a fabricação das canoas duraria mais de uma semana, o pessoal melhora as condições do acampamento montando os ranchos de forma ordenada. A fogueira principal é acesa perto do barranco do rio. Para proteger o fogo, o pessoal levanta um "rabo-de-jacu", tampagem de folhas de palmeiras inclinadas sobre galhos, e faz dois píers — um para tomar banho e um para limpeza de caças e peixes.

Mais distante do fogo e de frente para o rio e para o sol da manhã, os mateiros constroem em menos de três horas um *tapiri* que serviria de escritório. Dentro, montam uma mesa de dois metros e meio com um banco de cada lado.

O mateiro Francisco Bezerra, o Chico, está trabalhando no centro do acampamento quando surge uma cobra papa-ovo, espécie de coloração amarelada, com cerca de um metro e meio de comprimento. Ele a mata com um pedaço de pau.

— Estou acostumado.

Orlando estira a pele da cobra num tronco para secar ao sol.

*

A dificuldade da caminhada terminara, mas o grupo passa a sofrer com dor de estômago, diarréia e picadas de insetos. O racionamento de comida perturba alguns integrantes da expedição. Um deles entra no rancho de Chico, que havia saído momentaneamente do acampamento, e, na frente dos outros homens, abre a mochila dele e, com gestos de indignação, o "denuncia" por manter um estoque de 200 gramas de farinha numa sacola plástica. Depois, come a farinha, que o mateiro guardava ainda do período de caminhada. Como líder dos ribeirinhos, Soldado se sente ofendido.

— Nunca vi isso na minha vida.

Esse e outros casos preocupam Possuelo. O sertanista aguarda mantimentos que devem chegar em um avião da Funai.

Alguns homens apresentam "pé-de-atleta", uma micose entre os dedos dos pés causada por fungos. A micose precisa ser tratada logo. Na Primeira Guerra Mundial, milhares de soldados tiveram de amputar a perna devido à falta de tratamento adequado, comenta Possuelo, enquanto passa um pó anti-séptico entre os dedos dos pés.

Ficar por dias num mesmo local, no interior da floresta, é sofrer cada vez mais com os insetos. Atraídos pelo suor e restos de comida acumulados na área de permanência, formigas, abelhas, piuns e incontáveis tipos de aranhas e lagartas se multiplicam. Quando os homens, para montar o acampamento, retiram os arbustos e cipós — a conhecida "brocagem" do terreno —, os insetos descem das árvores maiores e saem dos buracos no chão e nos barrancos. Meias de futebol, calças compridas e blusas largas são insuficientes para evitar coceiras e picadas pelo corpo, especialmente no pescoço, nas mãos, no rosto e em parte da barriga e das coxas. O calor amazônico é o de menos nas tardes à beira dos igarapés e rios. No acampamento, os mosquitos — quase inexistentes nas andanças e nas rápidas paradas — atacam ininterruptamente e infernizam de tal modo a vida que a gente tem a sensação de que uma caminhada de mais de três semanas seguidas com pés machucados, calos e dores nas costas não tinha sido tão ruim assim.

Possuelo, Orlando, Welker, Scott, Nicolas e eu costumamos passar parte da tarde no escritório improvisado no barranco do rio Jutaí. Ali, é mais fácil fazer anotações e registros da viagem. Welker tenta se comunicar por rádio com os funcionários da Funai em Tabatinga. Na cabana, Orlando faz registros das caçadas e das cenas imprevistas ou difíceis. Mais tarde, ele me ajudaria, com suas anotações, na reconstituição de muitos momentos da expedição.

Possuelo, ainda lamentando a entrada na aldeia dos flecheiros, tenta acelerar a construção das canoas para sair da área. Ele divide o pessoal em dois grupos. Soldado chefia os ribeirinhos, os kanamaris e os marubos no estaleiro da canoa de samaúma. Tiemã, Tiamin e Ivan Arapá comandam os demais índios matises no trabalho de fazer uma canoa de angelim. A construção das canoas levaria 12 dias de trabalho praticamente ininterrupto.

Os ribeirinhos escolhem uma samaúma de cerca de 20 metros de altura para fazer a embarcação. Pouco utilizada pelos fabricantes de canoas, essa espécie de madeira dura em média dois anos na água. Os ribeirinhos recebem ajuda de índios kanamaris e marubos. Em volta da árvore que será derrubada, os homens constroem um *mutá* — uma espécie de andaime de madeira — logo acima das raízes aéreas da samaúma. Eles sobem no andaime, dois de cada vez, e cortam a machadadas o tronco da árvore. Em duas horas, o tronco está no chão e ali mesmo começa a ser trabalhado.

Longe dali, os 12 matises localizam um angelim vermelho, madeira dura que consideram *borakemô* (muito boa) para virar canoa. O cozinheiro Paulo Souza, carregando uma panela de arroz, farinha e carne de porco, tenta chegar ao local em que os matises estão, mas não consegue encontrá-los. Para localizar o angelim, eles haviam entrado muito na mata. Acabaram comendo apenas os pernis assados de macacos que um deles tinha levado.

Sozinhos, longe dos uaçás (brancos), os matises começam a fazer a canoa de angelim. A derrubada da árvore não foi ouvida no acampamento pelos brancos. Durante o período de construção da canoa, os índios só retornavam a seus ranchos no final da tarde. Na primeira noite, alguns vão ao estaleiro dos ribeirinhos, curiosos para ver a madeira e andamento do trabalho. Os ribeirinhos não gostam. É o início de uma disputa velada entre os dois grupos. Numa roda de ribeirinhos, um deles chega a dizer que acharia bom se a canoa dos matises rachasse. Outro faz gozação com a aparência do líder dos matises:

— O brinco de caramujo do Tiemã parece antena parabólica.

*

Três dias depois da montagem do acampamento, os indigenistas pedem pelo rádio à base da Funai em Tabatinga mais alimentos e ferramentas. A Funai promete enviar um avião. Os homens abrem a facão uma clareira na mata, a uns 500 metros do acampamento. Para indicar ao avião a área em que devem ser lançadas as encomendas, duas fogueiras são acesas a cem metros uma da outra. Para aumentar a fumaça e facilitar a sinalização, o pessoal joga ramos verdes no fogo.

No estaleiro dos matises, a uns dois quilômetros dali, Tiemã Matis escuta o barulho do avião. Volta a lembrar que, no tempo em que vivia longe dos brancos, acreditava que os aviões fossem pássaros, os maiores pássaros que voavam no céu, por cima da aldeia dos matises. Sabia que era difícil acertar com suas flechas e zarabatanas aqueles bichos que cuspiam fogo.

Os mateiros ribeirinhos, quando começam a ouvir o ruído do avião se aproximando, acendem dois sinalizadores de pólvora e abandonam a área demarcada.

O vento, no entanto, dispersa a fumaça por entre as copas das árvores e desorienta a tripulação do avião, que começa a lançar ao acaso sacos de arroz, fubá, farinha, pilhas de rádio, tabaco e ferramentas. Os homens da expedição se escondem atrás das maiores árvores para evitar ser atingidos pelo "bombardeio" aéreo. Depois, enquanto recolhem os sacos — 13 no total —, o mateiro Raimundo

Lima ainda se mostra chateado por causa da bronca que levara de Possuelo. Qualquer coisa é motivo de irritação para ele:

— Aqui a gente é escravo. Nunca mais quero participar de uma expedição.

O pessoal de apoio em Tabatinga havia colocado num mesmo saco embalagens com arroz e farinha. Com o impacto da queda, os produtos acabaram se misturando. Horas depois, pelo rádio, Possuelo repreende os funcionários da Funai pela falta de cuidado. E reclama também dos tipos de pedra de amolar e outras ferramentas enviadas:

— Eu não pedi rebolo de máquina de esmeril. Pedi pedra para limar facão. Aqui não tem energia para ligar a máquina.

Os matises, que ninguém sabe onde se encontram enquanto fazem sua canoa, aparecem de repente no acampamento carregando um grande rolo de cipó titica. Diziam, orgulhosos, que com o cipó mostrariam a todos o tamanho da canoa que estavam construindo. Vão desenrolando o cipó, desenrolando. Para espanto de todos, o cipó mostra que a canoa de angelim tem mais de 15 metros.

— Vai ser difícil manobrar a canoa nas curvas do rio — alertam os ribeirinhos.

— A gente não quis samaúma, não — diz, em tom de provocação, o matis Ivan Uaçá, referindo-se ao fato de se tratar de madeira mole e fácil de trabalhar.

O âmago do angelim tem coloração grená. A espécie foi escolhida por Tiamin Matis. Com cerca de 30 anos, o índio é de uma geração que aprendeu facilmente as técnicas dos brancos. Tiamin costuma fabricar canoas de três a quatro metros e vender na cidade de Atalaia do Norte. O preço de uma embarcação fica em torno de 100 reais e nem sempre acha comprador. A perda do olho esquerdo, atingido por um espinho numa caçada na floresta não o impediu de ser um exímio construtor de canoas.

*

As águas do Jutaí estão mais quentes. A maioria dos homens acha melhor assim para tomar banho no rio. Os indigenistas estão preocupados com o volume das águas, que está diminuindo. As canoas precisam ser arrastadas logo até o Jutaí.

Ao final de um dia monótono, os homens vêem uma vara de queixadas atravessando o rio, da margem esquerda para a direita, onde se localiza o acampamento. Um grupo pega as espingardas e sai correndo pela mata atrás dos bichos. Ouvem-se dois tiros, mas o grupo volta sem nada.

Com as queixas de dor de barriga do pessoal, Possuelo proibira a carne de macacos e mandara jogar fora os alimentos trazidos nas costas, que já estavam impróprios para consumo. Mesmo assim, os integrantes da expedição continuam a enfrentar problemas de estômago, diarréia e dores musculares.

Raimundo Lima levanta a hipótese de os flecheiros terem envenenado o rio com curare. A maioria dos mateiros concorda, à exceção de Soldado.

— Em junho, julho, agosto, isso tudo é muito comum — limita-se a dizer o líder ribeirinho, com dores no corpo. A discussão acaba.

*

As águas do Jutaí sobem com as chuvas dos últimos dias nas cabeceiras. É preciso reconstruir o píer do acampamento usado para tomar banho. As tábuas estão agora debaixo d'água. Mas logo o volume do rio volta a diminuir.

Um guia kanamari aparece no acampamento com uma pirarara de cerca de um metro pescada com linha e anzol no Jutaí. De coloração preta e amarelada, o peixe tem a cabeça e o dorso largos.

Muitos homens evitam comer a pirarara. Os ribeirinhos Francisco e José Bezerra reclamam da carne "gordurosa demais". Preferem comer arroz puro.

A pirarara é mais um da lista dos pratos "proibidos" no cardápio de ribeirinhos e índios. Menã Matis, por exemplo, não come capivara e outros animais pelo fato de ter feito recentemente pintura no rosto. Nem ele nem os outros matises comem onça ou arara. Alguns têm repugnância a carne de macaco. Durante a caminhada na terra alta, quando o almoço era apenas farofa de carne de macaco, alguns integrantes da expedição separavam a farinha da carne e dispensavam a carne. Farinha de mandioca é um dos poucos alimentos consumidos por todos.

*

Possuelo diz não lembrar de uma expedição com tantos problemas de saúde. Quando um homem melhora, outro cai na rede e com tantas dores que nem se preocupa, à noite, com os carapanãs, mosquitos amazônicos tão terríveis quanto os piuns. No verão amazônico, a crise de diarréia atinge a maioria dos homens, dando um aspecto taciturno ao grupo e ao ambiente. Como o grupo permanecerá por longo tempo no local, o comando da expedição define um limite mínimo entre as barracas e a selva para se fazerem as necessidades fisiológicas. Há quem desrespeite a regra, urinando perto de um rancho de madrugada. Alguém vê a cena e conta para os indigenistas. O sujeito é severamente repreendido.

A vida no acampamento não está fácil. O homem que roubara a farinha de Chico é agora flagrado atacando a despensa da cozinha. O fato causa mal-estar na equipe. Para Possuelo, um quilo a menos de farinha representa um crime grave na selva. No entanto, em vez de se irritar como de costume, fica quieto. Mas é visível que está perturbado. O roubo de comida é avaliado como falta de solidariedade.

— Na selva, o processo de decepção com as pessoas se dá muito rápido. Aqui não tem como não conhecer de fato um indivíduo — comenta o sertanista, sentado à beira do rio.

A vida na selva tinha ensinado a Possuelo que em alguns momentos é melhor guardar para si a interpretação que faz das atitudes dos outros. Muitas vezes, Possuelo prefere esconder a irritação e ficar com uma imagem idealizada do sujeito, mesmo sabendo que ela pode ser incompleta. Ele tem consciência de que nem entre os índios nem entre os brancos existe o tipo ideal, aquele que seria capaz de atravessar a selva sem se irritar e sem se perturbar de vez em quando.

*

Para mostrar o esforço dos matises na construção da canoa, Ivan Arapá faz questão de levar para os indigenistas um pedaço da lâmina do facão que quebrou.

— Madeira é dura, muito dura — repete o índio.

Orgulhoso, ele diz que os matises são os melhores canoeiros do Javari:

— Marubo e kanamari, canoa feia.

Mostra os dedos machucados com o manuseio do machado:

— Samaúma é pau mole.

Nesse momento, Menã Matis, 20 anos, o índio mais novo da expedição, corta uma paxiúba nova. Pega um pedaço do tronco cilíndrico e, com o facão, escava na madeira, fazendo a miniatura de um cocho.

— Esta é canoa de flecheiro e era de matis no tempo antigo — diz Menã.

Ivan Arapá e outros índios mais velhos deixam a conversa e os machados e se aproximam para ver a miniatura. Rindo, contam que esse tipo de canoa foi a primeira que fizeram para atravessar o Ituí, quando eram crianças. Antes do contato com os brancos, eles viviam em malocas no interior da mata. Por causa das doenças trazidas pelos forasteiros, a tribo foi aconselhada pela Funai a se transferir para perto do rio, o que facilitaria os atendimentos médicos.

*

No domingo, depois do café-da-manhã, os ribeirinhos da expedição começam a abrir com facões um caminho de 250 metros de comprimento por três de largura, do estaleiro ao rio, cortando o acampamento ao meio. Enfim, a canoa de samaúma chegaria às águas do Jutaí. À tarde, alguns matises deixam a rivalidade de lado e ajudam os ribeirinhos, kanamaris e marubos a empurrarem a canoa. Mais de 20 homens arrastam a canoa por 50 metros. Falta ainda o processo de queima, para alargar o casco.

Os homens cortam troncos de açaí, envireira preta e uma árvore fina e branca chamada "cavalo". As madeiras servem para fazer os suportes necessários para alargar a embarcação. Com os troncos de açaí fazem "tesouras" — toras com dois dentes esculpidos que são presos ao casco e empurrados para colocação de tábuas entre uma banda e outra da canoa.

Ao colocar tabaco num pedaço de papel, Soldado anuncia que adiou a queima da canoa para o dia seguinte, embora pudesse fazer o serviço antes do anoitecer.

— Hoje é domingo; temos de respeitar o dia santo — justifica.

Nas comunidades ribeirinhas do rio Solimões e afluentes, os homens procuram não fazer esforços nos domingos e dias de santa Rosa, são Bartolomeu, dos santos de junho — santo Antônio, são João e são Pedro —, santa Luzia e são Francisco.

— O finado Zé Antônio foi caçar uma anta no dia de santa Luzia. Aí, chegou em casa e encontrou um jacu. Atirou, mas o tiro saiu ao contrário, e ele ficou ceguinho.

Soldado conta também a história de um homem que perdeu a carteira e prometeu a são Francisco que, se a encontrasse, iria gastar metade das notas e moedas com velas.

— Pois é. Ele encontrou todo o dinheiro. Só não pagou a promessa. "Égua de santo, a gente não pode nem brincar que ele pensa que é verdade."

*

No dia seguinte, para alargar a madeira da canoa e colocar os bancos, os mateiros põem fogo no casco, espalhando lenhas e gravetos por baixo da embarcação, que está suspensa por troncos de palmeiras. As pontas da canoa são atadas com cipó e galhos, pois há risco de trincamento durante a queima. Quando as chamas crescem demais, os homens correm para jogar água e evitar prejuízo ao casco. Para verificar se o trabalho está pronto, Soldado a todo momento deita no chão. Com cigarro na boca, pega um facão e bate na madeira para "sentir" se a canoa alargou. De repente, o fogo volta a subir pelo lado externo do casco. Eles jogam mais água.

— Não dá pra perder todos estes dias de trabalho, não — diz o mateiro Amarildo Costas.

E a madeira amolece, permitindo o alargamento. É preciso deixar a canoa de boca para cima. O tronco é uma brasa só. Os mateiros prendem ao casco os garfos feitos de açaí, chamados de tesouras, e se esforçam para alargar a parte de dentro. Antes de retirar as tesouras, colocam tábuas para manter o alargamento do casco, que fica com um metro e meio de largura. Antes de arrastar a canoa até a água, as partes queimadas são raspadas. O casco em algumas partes não chega a cinco centímetros de espessura.

— A canoa não rachou no fogo — diz Soldado ao mateiro Raimundo.

— E, olha, foi na macaca — fala Raimundo.

— Eu nunca fiz canoa tão grande como essa só no olho — afirma Chico.

Soldado e Alfredo Kanamari "recortam" as beiradas da canoa, isto é, retiram a parte queimada. Antes, passam uma linha para marcar com carvão o limite do "aplainamento". A canoa está pronta para ser arrastada até o rio. Sydney e Orlando Possuelo medem a canoa construída pelos ribeirinhos. Com o acabamento da proa e da popa e a retirada da superfície queimada, a canoa dos ribeirinhos fica com 12,25 metros de comprimento, 68 centímetros de profundidade no centro e 1,35 metro de boca. Soldado manda os companheiros fazerem seis bancos. Alcuba é a árvore escolhida. A madeira branca e mole facilita o lavramento de tábuas. Num momento de descontração, Possuelo batiza a embarcação de *Caronte*, numa alusão ao barqueiro do livro *A Divina Comédia*, que ajuda o protagonista a atravessar o Aqueronte, um dos rios do inferno.

*

Agora vai. Mãos e braços no casco da canoa e pés atolados no barro da floresta. A canoa não sai do lugar. O pessoal coloca mais toras no caminho para facilitar o arrasto da embarcação. Então, a canoa começa a ser arrastada na picada aberta em direção ao rio. Mais arbustos são cortados para dar passagem. Os homens empurram o casco, se esforçam, gritam, reclamam um do outro, tropeçam no caminho escorregadio.

— É muita suadeira, mesmo — diz Raimundo Lima.

Os homens finalmente chegam ao acampamento com a canoa. Os cozinheiros, que limpavam peixes no porto, correm para ajudar. As fogueiras acesas com carne moqueada aumentam o suor. O último obstáculo é o barranco do rio. Um mateiro traz cordas. Lentamente, a canoa afunda no Jutaí. Os ribeirinhos, marubos e kanamaris se jogam no rio, mergulhando junto com a embarcação de 12,25 metros de comprimento.

Tomada de água, a canoa volta à superfície. O pessoal, sem demonstrar a mesma cara de esforço da hora do arrasto, balança a embarcação de um lado a outro, como se fosse uma criança, retirando a água represada no interior dela. Os mais apressados voltam à terra, pegam remos e dão a primeira volta com a canoa. Foi há mais de 30 dias, ainda no Itaquaí, que eles entraram numa embarcação pela última vez.

Mais surpresa no estaleiro dos matises. A canoa de angelim também iria durar pouco. Os índios acabam cavando toda a parte dura da madeira. Isso significa que a canoa duraria o mesmo tempo da embarcação dos ribeirinhos. Talvez até menos. Diante da desolação dos indigenistas, que pretendiam utilizar o casco nas fiscalizações da base no Itaquaí, cai o orgulho de Ivan Arapá.

Os brancos vão até o estaleiro dos matises ajudá-los na virada e na queima da embarcação de angelim. Em vez de colocar fogo por baixo da canoa, os matises enchem o tronco de brasa. A embarcação é atada com cipós para não alargar demais. Ainda pegando fogo, a canoa é virada. A fumaça se espalha pela floresta. É preciso esquentar mais a madeira. Para isso, os índios usam folhas de açaí como abanadores.

Duas horas depois, a canoa é revirada para ajeitar as forquilhas em forma de tesouras, facilitando a colocação dos paus usados para manter o casco alargado. Em meio a labaredas, Menã Matis sobe na embarcação em chamas e joga água para evitar rachaduras. Os matises têm menos dificuldades de arrastar a canoa pela mata. O trajeto do estaleiro montado por eles até o Jutaí não é tão extenso quanto o dos ribeirinhos. A canoa é arrastada pela trilha e jogada na ribanceira do rio. Finalmente, o grupo sobe um pequeno trecho do rio e chega ao ancoradouro do acampamento. Lá, os matises ainda constroem um toldo de folhas de açaí no centro da canoa. A tampagem protegeria os mantimentos do sol e da chuva.

Os mateiros José Bezerra e Odair Rios voltam à floresta para construir um cocho de duas palmeiras paxiúbas. A embarcação rústica, cada vez mais rara nas aldeias e comunidades do Alto Solimões, completaria a série de canoas utilizadas na descida do Jutaí. Com machado, Bezerra retira parte da casca da palmeira: é o processo de "lavramento". Depois, "oca" a barriga, retirando o miolo rosa e fibroso.

— Canoa de paxiúba dura pouco mais de dois meses, apodrece logo na água — diz.

As duas palmeiras são unidas com cipós e galhos. Cada paxiúba pode transportar dois adultos. Mas diferente das canoas tradicionais dos índios da Amazônia, o cocho fabricado pelos dois mateiros teve a proa esculpida, diferenciando-a da popa. O "bico-de-gaita" serve para dar velocidade à embarcação.

*

À exceção do mateiro Soldado, ainda com dores e febre, os homens estão entusiasmados para descer o rio, depois de 12 dias acampados. Na última manhã passada naquele trecho da margem do Jutaí, cada um tem direito a três colheres de mingau de fubá de milho. Depois, o que sobrar é de quem chegar primeiro. Quando o último homem é servido, o cozinheiro dá sinal, e índios e mateiros avançam sobre a panela, sem a organização da fila da primeira rodada. Essa é uma das poucas "desordens" permitidas por Possuelo.

O sertanista sabe que a descida do Jutaí em embarcação primitiva representa mais perigo, mas sabe também que o principal objetivo da viagem foi praticamente alcançado: está deixando o território proibido dos flecheiros, não houve nenhum confronto, os índios não sofreram contágio, e a expedição não teve perdas humanas. Mesmo quem o critica às escondidas e reclama de seu temperamento enérgico reconhece a sua firmeza:

— Quando ele não estiver mais aqui, isso tudo acaba — diz, mostrando a floresta, o mateiro Raimundo Lima, numa roda de conversa, para espanto dos demais, que ainda lembram das broncas que o mateiro levara de Possuelo na viagem.

Há quem reclame do modo "ultrapassado" do sertanista de atravessar a selva. É certo que não há dinheiro para a Funai desenvolver um trabalho com equipamentos mais modernos e eficientes, mas um barco inflável, por exemplo, poderia ser encontrado em Tabatinga a um preço acessível.

— Sim, poderia. Aliás, um balão inflável e alguns dias seriam suficientes para mapear e localizar todos os vestígios. Não precisaria nem de expedição — responde Possuelo.

*

Soldado, que passou mal durante a noite e não pode se expor ao sol, tem de viajar na embarcação dos matises, única com tampagem de palha. Dá para se perceber que o líder dos ribeirinhos está um pouco constrangido por não poder usar a canoa que ele próprio fizera e que considera de qualidade superior.

Possuelo dá a ordem de retorno para casa. Ele também entra na canoa dos matises. Atrás, vem a embarcação de samaúma, com Paulo Welker, Orlando, os kanamaris, os marubos e eu. A satisfação do grupo se expressa nas remadas rápidas, que exigem esforço.

Sem barulho de motor, fica mais fácil ver os bandos de pássaros sobrevoando o rio ou pousados nas árvores. A ariramba é preta, com peito branco e bico alaranjado. O bico-de-brasa, de plumagem escura, tem esse nome por causa do bico vermelho. O cancão, de vez em quando, mergulha e levanta vôo de novo levando um peixe no bico. As araras passam em bandos ruidosos. O barulho da corredeira encobre o dos remos. No fim do dia, o grupo acampa à margem do rio.

Na seca, muitas praias de areias brancas se formam ao longo do Jutaí. Estão cheias de rastros de tartarugas-da-amazônia. Basta seguir as pegadas para encontrar ninhos com 25 a 35 ovos. Os kanamaris, sempre que vêem esses rastros, pedem para parar o barco e, ágeis, recolhem os ovos, enchendo os bolsos e chapéus. Voltam para a canoa e entregam os ovos a Paulo Welker para que os distribua entre todos os integrantes da expedição. Mas o indigenista faz o que ninguém esperava: fica com mais da metade. Como os ovos, colhidos por poucos, estavam sendo distribuídos entre muitos, os kanamaris não perceberam, num primeiro momento, que haviam sido enganados. Mas os matises desconfiaram e começaram a fazer as contas. Usando gravetos, traçavam riscos na areia da praia, anotando quantos ovos tinham sido colhidos e quantos cada integrante da expedição havia recebido. Facilmente, concluíram que havia trapaça nas contas de Welker. De posse dessa certeza, passaram a vigiar Welker e descobriram outra fraude:

alguns mateiros que já sabiam da trapaça estavam recebendo alguns ovos a mais para não revelá-la.

Num fim de tarde, os matises, depois de recolherem 130 ovos de tartaruga, se irritam no momento da partilha entre os 34 homens da expedição. Apenas um ovo é entregue a cada um. O líder dos matises, Tiemã, decide protestar à sua maneira, antes que os mais jovens tenham alguma reação mais agressiva. Entra na fila, pega o ovo a que tem direito e o entrega a Possuelo, que desconhecia o que estava acontecendo. Outra fila se forma diante do sertanista, e o gesto de Tiemã é repetido pelos demais índios e até por brancos que se sentem lesados.

*

Para fazer algumas fotos nas primeiras horas da manhã, desço o rio acompanhado do mateiro José Bezerra na jangada feita de duas palmeiras paxiúbas. A bruma da madrugada encobre as embaúbas das margens e os pássaros que mergulham nas águas. A cerração impede-nos de ver o que está poucos metros à frente. Descemos às cegas por uns quarenta minutos e encostamos a jangada num amontoado de galhos e troncos bem no meio do rio caudaloso. Bezerra não arrisca calcular a profundidade e a força do Jutaí nesse ponto. Quando vi as duas canoas da expedição se aproximando na luminosidade, a floresta ao fundo, resolvo subir nos troncos para fazer a foto de um ângulo melhor. Peço a Bezerra que suba um pouco o rio com a jangada, para a foto incluir as três embarcações. No momento em que consigo enquadrar a jangada e as duas canoas, o tronco maior do amontoado balança, dando sinais de que não vai resistir à correnteza e ao meu peso. Agora, minhas pernas estão dentro da água. Narean Kanamari, proeiro da canoa de angelim, ajeita o cocar de penas de mutum na cabeça, posando para a foto. Mexe comigo, Narean se sentirá orgulhoso de mostrá-la quando voltar à aldeia, onde há muito os índios deixaram de caçar a ave de penas pretas. Antes do clique, no entanto, um repuxo na água separa as canoas. A foto ainda não é possível. Sob meus pés, o tronco continua cedendo. Desisto da imagem. Mas, de repente, ao verem que não consegui fazer a foto, os índios e ribeirinhos resolvem enfrentar as águas. Sobem um trecho do rio, emparelham as canoas e descem. Agora, minhas pernas estão completamente imersas na água. Aperto o botão da máquina.

— Vamos remar! — grita Possuelo.

*

No fim da tarde, Possuelo ordena que as canoas e a jangada deixem o rio e entrem pelo igarapé Dávi — ou Dávila, um dos afluentes do Jutaí — para uma última incursão, saindo do caminho de retorno para a cidade. A frustração é geral, e alguns, ansiosos para chegar em casa, chegam a se irritar. Pela primeira vez durante a expedição, o acampamento é montado sob chuva, numa área de muita lama e arbustos espinhentos.

Numa noite passada no local, uma preguiça-real com o filhote cai de uma das árvores próximas à cozinha do acampamento. O barulho da queda acorda índios e ribeirinhos. Quando os primeiros homens chegam perto da fogueira e iluminam o animal com a lanterna, os demais correm ao local. Acuada, ela se irrita, emite uma espécie de grunhido, pega o filhote e, andando entre os homens, chega a outra árvore perto do barranco do rio e sobe, lentamente.

De manhã, um grupo de 15 homens segue em direção à cabeceira do igarapé em busca de vestígios de isolados. No passado, as margens desse curso foram ocupadas por seringueiros, madeireiros e ribeirinhos. Possuelo quer saber se os índios voltaram à área após a demarcação do território.

Nas manhãs passadas no acampamento, os cozinheiros servem mingau de fubá de milho mais ralo que de costume. Para economizar, o arroz e a farinha deixam de ser servidos no almoço. Resta a carne de porco-do-mato, moqueando em dois jiraus sobre fogueiras dia e noite.

Tanto a manhã quanto a tarde são monótonas nesse lugar. Sem grandes tarefas, os ribeirinhos e índios que permanecem no acampamento passam a tarde esculpindo miniaturas de remo e canoas, alguns aproveitam para lavar redes e lençóis. Com o tempo chuvoso, parte da carne salgada trazida do acampamento anterior se deteriora por causa da falta de sol e calor. Na praia, a canoa de samaúma fica infestada de fungos, que à noite corroem parte do casco. Para reduzir a quantidade de fungos e interromper a decomposição da madeira, os mateiros afundam a embarcação com sacos de areia.

O grupo de 15 homens que fora buscar vestígios de isolados volta dois dias depois sem novidades. Como conhece a área percorrida pelo grupo e as condições de sobrevivência na região, Possuelo logo conclui que o responsável pela incursão não fez o trabalho que precisava ser feito. Descobriu-se que o grupo permanecera num lugar, não muito longe, pescando e comendo a farinha que havia levado. Em vez de pedir explicações diante de todos, o sertanista deixou que a verdadeira história chegasse aos ouvidos de cada integrante da expedição. Lia o relatório falso sem uma contestação. Em poucos dias, a situação do sujeito que tramou toda a farsa ficou insustentável. Aos poucos, ele foi perdendo todo o respeito dos demais.

Um rastro de onça é visto na lama da praia, próximo às redes e ranchos. Pelo tamanho, devia ser um animal adulto. Tiemã Matis afirma que já matou três onças-pintadas, cada uma com apenas uma flechada. Os matises não comem carne de onça. Aliás, uma vez morta, nem tocam na sua pele. Faz mal, explica Tiemã, com adereços e tatuagens do rosto feitos de modo a lembrar o felino. Eles só matam onças para prevenir ataques a crianças e mulheres. Há pouco tempo, um menino foi morto por uma onça perto das malocas da comunidade de Tiemã.

*

Logo que o grupo deixa o igarapé Dávi, no início de agosto, e retoma o Jutaí, Possuelo avisa que em breve chegaremos à primeira aldeia kanamari. Depois de meses na mata, o pessoal estará num lugar habitado. A cada volta do rio, a ansiedade aumenta. Todos têm vontade de conversar com outras pessoas, ver gente diferente.

Lá longe, no estirão do rio, um mateiro da expedição avista uma pequena canoa. Quando nos aproximamos do barco — a jangada, pesada demais, foi deixada pelo caminho —, somos surpreendidos pelo grito de um índio kanamari que está na pequena embarcação:

HOMENS INVISÍVEIS

— Agora eu não escapo, não!

Ele se assustara com o grupo de Possuelo. Tenta remar mais depressa, mas logo é alcançado pelas duas grandes canoas da expedição. Ao perceber que não corre perigo, o índio se mostra aliviado. Trata-se de Diarrumá Kanamari, morador da região.

— Eu pensei que vocês fossem flecheiros — explica. — Nunca vi outra gente descer as cabeceiras sem antes ter subido o rio.

Diarrumá encosta sua pequena canoa na embarcação de samaúma. Está acompanhado de três crianças. Oferece ovos de *kawë*. O ovo de tartaruga é o pão da manhã no Jutaí. Diarrumá está acampando ali perto. Mais abaixo, a expedição chega ao acampamento da família e dos amigos dele. Cerca de 20 pessoas, entre adultos e crianças, estão instaladas em quatro *tapiris*. No local, os índios salgam pirarucus. Como se trata de peixe em processo de extinção, com captura e comercialização controladas, Possuelo os interroga, quer saber o que vão fazer com tanto pescado. Pouco convincentes, os kanamaris afirmam que pescam apenas para consumo da tribo. Mais tarde, um adolescente kanamari acaba revelando que os pirarucus seriam vendidos na cidade.

Ao ver a expedição retomar a descida do rio, os índios jogam os pirarucus e as roupas em pequenas canoas e nos acompanham. Chove muito. Mulheres e crianças da tribo de Diarrumá tentam se proteger com folhas de palmeiras e lonas. Os mateiros da canoa de samaúma oferecem uma lona azul para uma das famílias. As mulheres e as crianças se abrigam debaixo da lona. Seus olhares estão serenos.

No fim da tarde, a expedição de Possuelo pára e monta novo acampamento. Os kanamaris e suas mulheres e filhos despe-

199

dem-se de nós com acenos e seguem em frente. Durante a noite, no novo acampamento, mais chuva. O barulho dos cipós e galhos desprendendo-se das copas das árvores dá a impressão de que o dia não chegará nunca. É difícil dormir com tantos insetos e pássaros tentando se abrigar perto das redes.

*

Possuelo avisa que em breve o grupo vai presenciar, em terras indígenas, um dos costumes humanos mais inaceitáveis e covardes.

Em meados de agosto, a expedição alcança a aldeia Jarinal, na margem esquerda do Jutaí. Os homens deixam as duas canoas numa prainha e sobem um barranco. A aldeia dos índios kanamaris está no alto. O nome — Jarinal — tem origem na palavra jarina, uma palmeira baixa e grossa, cujas folhas são usadas na cobertura de *tapiris* e malocas. As sementes da jarina, muito brancas, servem para fazer colares e pulseiras e são chamadas de "marfim vegetal".

Num dos *tapiris*, o sertanista encontra um grupo de índios da etnia tsohon-djapá, chamados de tucanos pelos kanamaris. Os homens, as mulheres e as crianças tucanos são esquálidos e têm aparência tristonha. Vivem em Jarinal como escravos dos senhores kanamaris, caçando, pescando, plantando mandioca. Antes de ser amansado por "milícias" kanamaris, esse grupo de tucanos morava na mata em volta da aldeia.

Os senhores kanamaris há muito perderam os costumes primitivos de obtenção de alimentos. Já não usam mais arco e flecha, por exemplo. Agora, possuem espingardas, mas não têm dinheiro para comprar munição. Por isso, vão até o mato buscar quem ainda utiliza meios tradicionais de caça e pesca. Geralmente, as "milícias" de amansadores não usam de violência para arrancar os tucanos de suas aldeias. A atração é feita de um jeito mais sofisticado. No primeiro dia de contato, os kanamaris deixam um pouco de sal na área usada pelos isolados para caçar. Um dia depois, colocam sal numa área mais próxima da aldeia. Aos poucos, vão se aproximando da tribo. Em poucas semanas, os tucanos, uma gente tranqüila, se acostumam tanto com o sal que se arriscam a chegar perto dos kanamaris. Feito o contato, não suportam mais comida insossa. Assim, seguem para as aldeias dos donos do sal, passando a fazer tudo que os kanamaris desejam.

Há poucos registros de prática de escravidão entre índios. A economia das sociedades indígenas sempre foi de subsistência. O homem produzia o necessário para ele e sua família. Não fazia estoques nem tinha necessidade de produzir excedentes. Para ele, um escravo tinha pouca utilidade. Nas aldeias tupinambás, nos primeiros tempos da ocupação portuguesa, o prisioneiro de guerra virava propriedade do guerreiro vencedor. Nunca, porém, o prisioneiro produzia para seu inimigo. Virava angu.

Com cerca de 45 anos, Aruá Djapá é um dos índios amansados pelos kanamaris. Mora na aldeia de Jarinal com a mulher, Otarri, e os filhos menores, Teoen, de 10 anos, e Walbá, uma garota de pouco mais de 5 e com problemas de saúde. "Você é feliz aqui em Jarinal?", pergunto a Aruá. Ele responde que sim, mas, quando lhe pergunto se não preferiria viver no mato, dá a mesma resposta.

Ele mostra aos visitantes flechas e arcos. O índio tucano fala algumas palavras em português. Conta ter vivido nas margens do rio Curuena, um dos afluentes do Jutaí. Lá, matava *tabi* (jacu), *bim* (mutum) e *makurë* (jacamim). E também onça:

— Mata *pida*, (onça). Come não.

Aruá Djapá, à porta de uma maloca de Jarinal, exibe uma *dërëkeam* (flecha com penas pretas nas extremidades). Ao observar a cena, Orlando Possuelo vê semelhanças entre essa flecha e a usada pelos índios isolados das cabeceiras do Jutaí.

Soldado, com um cigarro de palha aceso entre os dedos, diz que Aruá tem o mesmo corte de cabelo do flecheiro que vira correndo pela ponte primitiva.

— Eram a mesma altura e a mesma cor de pele, muito escura — afirma o mateiro.

Sabá Kanamari, um senhor de 60 anos, gordo e com pouco mais de 1,60m, se aproxima do índio Bauai Djapá. Este não fala nem entende português.

— Eu amansei Bauai pra trabalhar pra mim. Aqui, ele pode pescar no rio, a gente deixa — diz Sabá. — Ele pesca e planta muito bem.

O cacique de Jarinal, Arô Kanamari — o Geraldo —, também se orgulha de ter comandado um grupo de amansadores de índios tucanos. Afirma ter dado a eles roupas, rede de tucum e garapa de cana. Arô joga nos brancos a culpa pela situação de miséria dos tucanos.

— A Funai está dormindo, esqueceu de nós. E o pessoal da Funasa é uma porcaria, toma guaraná na cidade com dinheiro do governo.

A mulher de Arô quebra o clima pesado e oferece *barí* — banana — madura aos homens da expedição. Além de banana,

HOMENS INVISÍVEIS

dá *kuiá* — a bebida fermentada de mandioca — e caldo de *mahuna'am* — a cana-de-açúcar.

Na avaliação dos indigenistas, a ineficiência dos órgãos públicos criticada por Arô é pior em outras comunidades. Os kanamaris de Jarinal, embora nem sempre disponham de combustível, têm dois motores de barco.

A escravidão dos tucanos é mais um problema para Possuelo resolver ao retornar a Brasília. Ao deixar Jarinal, o sertanista dá aos kanamaris ferramentas em troca de mandioca. Ficam os enxós e machados, utilizados na construção das duas embarcações. Bom negócio para os índios, bom para os indigenistas e mateiros, pois o estoque de alimentos acabou. O grupo volta a descer o Jutaí acompanhado novamente por uma série de pequenas canoas e botes com homens, mulheres e crianças kanamaris.

Cinco voltas de rio depois de Jarinal, a expedição chega à aldeia de Queimada. As casas do lugar não são visíveis da grande praia da margem direita do rio, onde as crianças brincam. Na tarde ensolarada, o pessoal larga as canoas na praia, atravessa uma roça de banana e ananás e chega ao terreno mais elevado, onde estão as 12 casas da aldeia, feitas com toras de maçaranduba e com precários telhados de folhas de caranã e paxiúba. Todos os *tapiris* estão em situação de abandono, alguns com telhados danificados.

Em uma dessas casas, o cacique da tribo recebe Possuelo. Dianon Kanamari, chamado de Benedito pelos brancos, informa que a aldeia está em mudança para um trecho mais abaixo, à margem esquerda do rio. Em Queimada Velha, ficariam apenas as plantações de banana, mandioca e ananás. Ele também incentiva a formação de grupos de amansadores de índios.

203

Sentado no chão da casa, Possuelo tenta um acordo com Dianon Kanamari:

— Tá vindo das cabeceiras? — pergunta o cacique, rodeado de crianças e mulheres.

— Sim, estou descendo o rio há dias — responde o sertanista.

— O rio tá muito cheio, mas vai baixar. Logo logo, baixa.

— Vocês têm problemas com brancos por aqui, Dianon?

— Agora, não. Antes, muito problema. Mãe conta que brasileiro vinha aqui tirar seringa (látex) e pele de bicho. Matava muito kanamari.

— Aqui era área de seringal, mas a borracha perdeu valor.

— *Kariwá* (branco) só fazia guerra contra nós.

— A Funai está atendendo vocês direitinho?

— Não, seu Sydney. A gente tá sozinho, esquecido mesmo.

— Pois é. Eu não cuido de toda a Funai. Só de índio bravo.

— Ih, a gente é mansinho. Sydney não pode ajudar, não?

— Posso ajudar um pouquinho.

— A gente tá precisando muito de motor pra barco e pra fazer farinha.

— Vou mandar um motor.

— Ajuda muito, seu Sydney.

— No próximo mês, um barco vai subir e deixar com vocês um motor.

— Pode ser um motor Honda de cinco e meio?

— Pode sim, mas kanamari precisa ajudar a gente.

— Funai ajuda índio, índio ajuda Funai.

— Deixem os tucanos quietos no mato, nada de ir atrás

deles. Kanamari não gosta que ninguém invada sua terra. Tucano também não gosta.

— Certo, certo, seu Sydney.

Em seguida, o cacique conta como amansou um grupo de tucanos:

— No primeiro ano, quando a gente foi lá, eles só assobiavam.

— E aí? — perguntou Possuelo.

— No outro ano, a gente levou um pouquinho de sal. Depois mais sal, mais sal, foi indo, sabe.

— Não faça mais isso... — Possuelo já está vermelho.

— Mas hoje tá bom, tá quase tudo manso.

— Sabe, Dianon, os tucanos sabem pescar, caçar e fazer panela.

— Fazer *caiçuma* também, igual a kanamari.

— Muita *caiçuma*. Na verdade, os tucanos não precisam de Funai nem de kanamari.

— Eles não tão como a gente, sem nada.

— Isso mesmo, você entendeu bem.

— Mas, seu Sydney...

— Sim...

— Eu posso passear na casa de flecheiro com o pessoal da Funai?

— Como?

— Amansei muito tucano, agora quero amansar flecheiro.

— Mas, rapaz, você não entendeu nada, nada! É difícil...

— Quero conhecer parente que mora no mato.

— Índio quanto mais bravo mais *kariwá* respeita.

— Eu quero ir lá.

— Não mexa com eles, eles estão quietos.

— Certo, certo.

O cacique kanamari mantém os olhos serenos mesmo com a irritação do sertanista. Em seguida, conta a história de um adulto e duas crianças que morreram há poucos dias, em Queimada Velha, por problemas de saúde.

— Eu só vou mandar motor se você prometer não ir mais pro mato.

— Tá bom, seu Sydney.

— E vai falar com os outros pra deixar os índios quietos no mato.

— Kanamari promete, mas quer motor.

Depois de fazer acordo com o cacique Dianon, Possuelo se despede dos kanamaris. O pessoal da canoa de angelim parte primeiro para a aldeia Queimada Nova, rio abaixo. Já os ribeirinhos, marubos e kanamaris, que viajam na canoa de samaúma, ainda tomam banho na praia próxima à plantação de banana antes de descer. Muitas crianças kanamaris brincam nas águas do Jutaí.

Um dos *tapiris* da nova aldeia construída pelos kanamaris, à margem esquerda do Jutaí, pertence à índia Warmá. Ao subir o barranco e entrar na aldeia, o visitante logo se fascina pelas linhas e contornos singelos da casa dessa mulher. Aos *kariwás*, Warmá se apresenta como Maria do Carmo. O *tapiri* dela segue o mesmo modelo dos demais: sem paredes, construído sobre pilares de 1,5m — uma medida preventiva contra inundações e ataques de bichos — e com telhado de folhas de palmeiras dividido em duas águas. As colunas de sustentação do teto servem para amarração de redes. Quem está fora vê as redes armadas, o cesto de cipó titica e o grande *akedá* (uma panela de barro) por cima de um fogareiro.

De longe, aceno para a dona do *tapiri*, mostro a máquina fotográfica e faço gestos pedindo licença para me aproximar. Ela entende o pedido para tirar fotos, mas manda esperar. Entre as cordas da rede e o teto do *tapiri*, há um pequeno pote de madeira. Warmá retira do pote um pente de plástico. Começa a pentear os longos cabelos, usando uma fita vermelha para prendê-los. Não tem um espelho, mas passa pó no rosto e um toquinho de batom nos lábios. Dá a impressão de confiar que o visitante não fará nenhuma foto sua com a fita na boca enquanto penteia os cabelos.

O visitante passa um longo tempo esperando Warmá se ajeitar, tempo suficiente para fazer imagens de uma criança que segura uma coruja branca de muita penugem, uma mulher confeccionando *tourê* (cesto feito de cipó) e um velho na beira do rio pitando um *u'badin*, um tipo de cachimbo.

— Pode chegar! — convida a índia, depois de maquiada.

Esguia, blusa branca de botões, saia vermelha e aparentando menos de 40 anos, a mulher fala dos sete filhos: quatro morreram, três moram no *tapiri*.

— Meus meninos morreram de febre.

Sentada no chão de lascas de troncos paxiúba, Warmá diz que, como a maioria dos índios do lugar, nasceu na aldeia de Queimada, agora Queimada Velha. Nada fala sobre o marido.

Minutos depois, o marido dela aparece. Ele não se atreve a entrar na conversa. Visitas na aldeia são raras. Por isso, ela tem de aproveitar esse contato, mesmo que o visitante nada tenha a dizer. *Kariwá* (homem branco) pode ser ruim, mas é novidade. Warmá só interrompe o diálogo para mexer a macaxeira na panela. Dali se vê o rio em curva sumindo na floresta.

A meia voz, ela ensina como preparar *kuiá*, bebida de mandioca chamada de *caiçuma* em outros lugares por índios e caboclos:

— Arranca *tawá* (mandioca) na roça. Corta em pedaços com terçado, limpa e bota na *pera*.

Ela explica que a *pera*, em que carrega a *tawá* para casa, é um cesto de palha que se leva ao ombro seguro por uma alça presa à testa da pessoa.

— Depois, descasca, lava, bota pra ferver. Aí, bota *kiripam* (batata-doce) no ralador; bota *kiripam*, e *kuiá* fica doce como açúcar. Acabou. E bebe *kuiá*.

Ela conta que passa a maior parte do seu tempo preparando essa bebida, consumida por toda a comunidade. É o que melhor sabe fazer, uma receita que ela não se recusa a transmitir a quem desce ou sobe o Jutaí — forasteiros que nunca viu e provavelmente não voltará a ver. Algo como as fotos para as quais ela tanto se prepara, sempre esperando que lhe enviem uma cópia.

*

A expedição costuma deixar os acampamentos ao longo do Jutaí de madrugada, com o rio ainda encoberto pela neblina. Em muitas paragens, o grupo de uma canoa não enxerga a outra embarcação, embora a distância entre as duas não seja, em determinados trechos, de mais de dez metros. Mas em duas horas de remo, o sol desfaz a cerração e ilumina tudo. O calor me obriga a amarrar uma camisa na cabeça e outra no pescoço para compensar a falta do chapéu, perdido num dos acampamentos. Minutos depois, olho para trás e vejo com surpresa que os índios da nossa canoa gostaram da idéia: substituíram seus pequenos chapéus pelas camisas amarradas à cabeça.

Alcançamos o limite leste da Terra Indígena do Vale do Javari, na confluência dos rios Jutaí e Jutaizinho. Os mateiros e índios retiram os facões das mochilas e limpam o barranco ao redor da placa "Terra Protegida", sinal demarcador da reserva indígena, da qual estamos saindo.

— Daqui para baixo, só branco pode tirar ovo de tracajá na praia — brinca o mateiro Odair Rios.

Os piuns, raros no interior da floresta, aumentam em número na medida em que se avolumam as águas do Jutaí. Uma das formas de se livrar desses minúsculos mosquitos da Amazônia é entrar no rio e deixar apenas a cabeça de fora, movimentando-a constantemente.

A comida da expedição está quase acabando. Resta pouca mandioca nos sacos. Ao ver a primeira casa à margem esquerda do Jutaí, depois de passar pela placa de limite da terra indígena, o pessoal chega a comemorar: o morador pode ter farinha para vender. Lavando vasilhas num pequeno ancoradouro, mulheres dizem que o dono da propriedade, Pedro Mulato, não está em casa.

Os homens voltam a remar. Após mais uma hora e meia descendo o rio, chegamos à casa da segunda família ribeirinha. A princípio, os moradores ficam recolhidos dentro do *tapiri* sem paredes e coberto de folhas de palheira, outra palmeira amazônica. É receio de ver gente vindo das cabeceiras. À exceção dos kanamaris das aldeias a montante, raramente alguém desce o rio.

Todos estão em casa — um casal e três filhos pequenos —, mas não têm farinha para negociar.

— A minha farinha é pouca, não posso vender — explica o ribeirinho, Genival Pereira, de uns 30 anos.

As crianças, de 1, 3 e 5 anos, estão gripadas. Foi a última chuva vindo das cabeceiras, explica o pai. Uma moringa de barro, bandeirolas de jornal e papel de seda pendentes do teto, dois cestos contendo retalhos de pano e duas redes compõem o ambiente. Sentados na escada do *tapiri*, o ribeirinho e a mulher, Maria Josina, se despedem da expedição.

— Vocês podem conseguir farinha mais pra baixo, com o Capitão.

"Mais pra baixo" pode significar, nas medidas amazônicas, alguns dias e semanas. Nunca ficaríamos sabendo quem é Capitão, mas, menos de três horas depois, encontramos uma terceira família de ribeirinhos: José Pereira, de uns 25 anos, irmão de Maria Josina, que mora com a índia Lucilene, grávida, e quatro filhos. Nem os adultos nem as crianças aparentam boa saúde. Na verdade, você olha para eles e tem a certeza de que estão doentes. Pereira nunca viu um médico nem conhece a cidade de Jutaí, a cerca de 450 quilômetros da casa de palha onde mora. O ribeirinho pesca e planta mandioca para sustentar a família. Ele não conheceu mais de 50 pessoas desde que nasceu, em Furo do Pinto, mais abaixo.

— Nunca saí desse rio velho, não — afirma.

Há cerca de 15 anos, a mãe e uma irmã do ribeirinho foram a um hospital na cidade de Eunerepê, no Alto Solimões. Elas contaram para ele como era um médico, mas nunca puderam voltar lá. É como se esta família não existisse para o Estado. As crianças de Pereira também estão gripadas.

Os frutos de uma mangueira plantada perto da casa ajudam a alimentar a família. José Pereira tem uma canoa de um metro e meio e um arpão, que usa na captura de pirarucus. A um canto do *tapiri* fica um rádio, um bem precioso da família.

— Eu gosto de ouvir um rádio de vez em quando. Uma música, uns crentes falando. Eu gosto.

Quando há mais peixe e menos fome, José Pereira repassa os pescados ao regatão, uma espécie de mascate amazônico que passa por ali em uma canoa grande trocando quinquilharias por carne de caça, pescados, madeira, artesanato, verduras e frutas. O regatão vende seus produtos por dinheiro, também, só que raramente ribeirinho tem dinheiro. O regatão sobe o Jutaí só até a casa de Pedro Mulato, pouco acima da casa de Genival dos Santos, mas ninguém sabe em que época do ano ele vai aparecer.

— Eu compro sal pra comer, fogo e sabão — conta José Pereira.

Ele nunca conseguiu plantar mandioca suficiente para comprar munição de espingarda no barco do regatão. O mascate paga por uma saca de farinha de mandioca (60kg) 15 reais. E cobra o mesmo valor por três balas calibre 38. Nas cidades do Alto Solimões, um projétil desses custa 70 centavos. Ao ouvir o relato do morador, o mateiro da expedição José Bezerra diz que em Atalaia do Norte, município onde mora, um paneiro de farinha (25kg) é vendido por 25 reais pelo produtor.

— Aqui, no rio Jutaí, há muita inocência ainda — afirma Bezerra.

José Pereira discorda:

— A gente compra do regatão pra não morrer de fome. A conta é mesmo alta, a gente só consegue pagar com muita farinha e pesca.

O ribeirinho calcula que o grupo levará mais um dia para chegar à casa de Capitão e três para chegar à de Dão, outro morador que pode ter farinha.

Durante a meia hora que dura a conversa, Lucilene não diz uma palavra nem se interessa pelo que acontece, a atenção voltada somente para as crianças. Bem diferente de Warmá Kanamari, Lucilene não muda a expressão do rosto nem na hora das fotos.

Ela educa os filhos usando o vocabulário aprendido com os pais, a língua katukina. É como se ela não assimilasse o linguajar ribeirinho usado pelo marido nas conversas com o regatão e outros forasteiros, com os índios das aldeias vizinhas, com pescadores profissionais e madeireiros clandestinos.

*

Nos primeiros 300 anos da colonização portuguesa, a língua mais falada pelos brancos no litoral brasileiro foi a língua nativa, ensinada aos brancos pelas mulheres índias. Aos seus filhos mestiços, elas ensinavam a língua de seus ancestrais misturada com o pouco que aprendiam dos maridos europeus. Mulheres brancas eram raras na Colônia. Então, os filhos das mães índias e dos pais europeus misturavam o português com palavras e expressões de línguas do tronco lingüístico tupi, que predominava entre os povos do litoral. Esses, embora vivessem guerreando entre si, usavam idiomas semelhantes. O português de Portugal tornou-se uma segunda língua. No comércio, as línguas do tronco tupi se misturavam ao português, formando a chamada língua geral. Pernambuco e Bahia foram os únicos lugares da costa onde a língua geral não prevaleceu, devido a grandes extermínios de índios, maior número de mulheres portuguesas e entrada de africanos.

Em 1758, o Marquês de Pombal proibiu o uso do tupi nas repartições públicas. Muitas expressões e palavras tupi, no entanto, foram absorvidas pelo português. A expressão "nhenhenhén", por exemplo, vem do verbo *nheen*, que em tupi significa "falar". E "toró", de *tororó*, jorro d'água. Já o verbo *soc*, bater com mão fechada, deu origem à palavra socar. Ainda hoje, em São Gabriel da Cachoeira, no Amazonas, a língua geral é falada por índios e ribeirinhos. A câmara de vereadores da cidade aprovou uma lei tornando essa língua co-oficial. No resto do país, foi "pras cucuias" a língua usada nos primeiros livros brasileiros, como a *Arte de gramática da língua mais usada na costa do Brasil*, escrito em 1595 por Anchieta.

*

Na descida do Jutaí, voltamos a ver queixadas nas margens, mas continuamos sem encontrar quem nos venda farinha. O mateiro Odair Rios deixa por instantes de remar para apontar dezenas de ninhos de japins na copa e nos galhos de uma samaúma à margem esquerda. Em forma de trouxa, os ninhos são feitos de capim seco, cipó e farpas de madeira.

— É um passarinho preto, tem bico branco e peito amarelo bem vivo — conta.

Três casas de madeira e palha surgem na outra margem do rio. Estão vazias. Capitão viajou.

Além da dificuldade em encontrarmos farinha, agora há risco de faltar mandioca. Por sorte, os matises conseguem caçar algumas das queixadas que passavam por uma trilha na margem esquerda do Jutaí.

À tarde, depois da montagem do acampamento, Possuelo manda o pessoal da base da Funai em Tabatinga iniciar a viagem do barco *Kukahã*, que faria o resgate do grupo. O rádio é instalado numa armação de madeira na extensa praia de areia clara. Os pilotos Adelson, Pedro e Danilo recebem ordens para zarpar antes das 11h de domingo. O *Kukahã* encontraria o grupo na confluência do Jutaí com o Curuena.

A praia facilita o banho do final do dia. Os alevinos atacam a pele da gente como se fossem mosquitos d'água. Perigo, no entanto, é pisar numa arraia, bicho de corpo achatado, cauda longa e um ferrão no céu da boca.

Está tudo escuro quando o ribeirinho João Viana da Silva, o Dão, aparece no acampamento. Veio negociar mandioca. Diz morar três voltas abaixo. Os indigenistas acertam com ele que, no dia seguinte, o grupo desce de canoa para comprar toda a sua roça.

Na manhã seguinte, reencontramos Dão, agora em frente à casa dele. Mora ali há dois anos com a mulher e um filho pequeno. Os indigenistas ficam intrigados ao verem que o homem está em uma pequena canoa, pronto para subir o Jutaí.

— Minha roça não está aqui, não. Está mais pra cima.

— Quanto tempo de canoa? — pergunta Possuelo.

HOMENS INVISÍVEIS

— Ah, umas três horas de remo rio acima.

O sertanista balança a cabeça, demonstrando que o grupo não pode subir o rio e atrasar a expedição. Dão tenta convencê-lo a comprar sua roça:

— Tem o Lopes mais pra baixo, mas ele não tem nem pra comer. E daqui à boca do Curuena são três dias de remo e um dia e meio de rabeta (motor pequeno).

Mesmo sem farinha nas canoas, Possuelo decide continuar a viagem.

— Vocês vão mesmo descer o rio sem farinha? — Dão pergunta. Possuelo confirma. Desolado, Dão recolhe a canoa ao ancoradouro e se despede.

À margem direita do Jutaí, surge outra palhoça. Mais gente se escondendo ao avistar as duas canoas da expedição.

— Somos de paz! — grita Possuelo ao ver a correria de mulheres e crianças.

A muito custo, o dono da casa se aproxima para conversar com o grupo. Ele se chama José Lopes e mora com os amigos Damião Lopes e Francisco Chagas. A mulher e os quatro filhos menores de Damião também vivem ali. José Lopes também não tem farinha.

— Um bando de queixadas entrou na minha roça e comeu toda a macaxeira plantada — conta o ribeirinho, o olhar ainda temeroso. Depois, quando a conversa muda de rumo, José Lopes, mais solto, acusa os kanamaris que vivem na reserva indígena de venderem cedro para os madeireiros de Jutaí.

Os outros adultos e as crianças da casa continuam recolhidos. Os olhos e as pontas dos dedos dos meninos que espiam são visíveis entre as frestas da parede.

José Lopes não tem farinha, mas tem grande quantidade de sal para negociar e acaba ficando com algumas ferramentas dos visitantes.

No terreiro da casa, estão expostos ao sol quatro pirarucus de 1,40 metro cada um e três de 80 centímetros. Como a venda do pirarucu, nesta época, é proibida, Lopes tenta evitar problemas e vai logo dizendo que todos os sete peixes serão consumidos pela família:

— Os pirarucus maiores também vão para a panela da mulher.

Conversa vai, conversa vem, e fica claro que José Lopes, Damião e Francisco Chagas costumam vender os pirarucus em Jutaí. Francisco Chagas comenta que, na cidade, o quilo salgado é vendido aos comerciantes e atravessadores por 2 reais. Uma peça de 1,40 metro pode chegar a 30 reais. No regatão do Carlito, a mesma peça não passa de 20 reais.

Francisco Chagas fala sobre um certo Carlão, pescador profissional e morador de Jutaí, que costuma subir o rio em quatro grandes canoas cheias de homens.

— Carlão leva quase todos os pirarucus dos lagos e dos igarapés. Não sobra nada pra ninguém — reclama.

Por fim, Francisco Chagas e José Lopes informam que Daniel, morador mais próximo rio abaixo, poderia ter farinha ou mandioca. A meninada continua recolhida dentro da casa de palha.

*

Na viagem de canoa, nuvens escuras começam a se formar, ao final de um estirão, trecho reto do rio. Rapidamente, o céu fica encoberto. Antes de serem abertas as lonas, começa a chuva.

Rajadas de vento arremessam às águas galhos e troncos. Nas duas embarcações, os homens, já com as roupas ensopadas e incomodados com o frio, precisam remar sem parar. Há uma certa angústia, porque as mãos que movem os remos têm de ser usadas, ao mesmo tempo, para tirar do rosto e dos olhos o aguaceiro que lhes dificulta a visão. Um vento pode virar as embarcações. Todos estão preparados para a eventualidade de terem de se jogar na água. O temporal só pára duas horas depois, e o grupo consegue encontrar um ponto adequado para acampar.

Na manhã seguinte, um pescador informa a Possuelo a localização da casa do ribeirinho Daniel, e finalmente, duas horas depois, conseguimos comprar mandioca. Termina o drama da escassez de comida, que já durava mais de uma semana. Os índios matises, marubos e kanamaris colhem toda a roça de macaxeira do ribeirinho, enchendo 11 peras e meia.

Francisco de Assis Daniel Ramalho não vende mandioca há muito tempo. Aliás, ele nunca vendeu uma quantidade tão grande.

— Rapaz, é até difícil dar um preço, nunca fiz um negócio assim — diz.

Vende a 15 reais cada pera de mandioca com casca. Daniel receberá o dinheiro no posto da Funai quando for a Jutaí.

Ele costuma ir à cidade de dois em dois meses, em um barco a motor, percorrendo cerca de 400 quilômetros. Já a mulher, Conceição, os seis filhos e dois netos não saem de casa há dois anos. Daniel, 48 anos, pesca e planta, além de mandioca, feijão, milho, melancia e batata. Fortes e robustos, todos na casa aparentam ter boa saúde. Em nada lembram as figuras esquálidas que encontramos antes.

Daniel tem uma fonte de renda extra todo mês. Ele é observador hidrológico do Serviço Geológico do Brasil, um órgão público de análises meteorológicas. Todas as manhãs e nos fins de tarde, tanto na seca quanto na época da cheia, ele, a mulher e os filhos registram com uma régua o nível exato da água do rio. Quando chove, também fazem para o Serviço Geológico o acompanhamento de um pluviômetro instalado atrás da casa. A cada três meses, um funcionário do órgão meteorológico sobe o rio e deixa 270 reais em açúcar, sabão, sal e manteiga.

— Eu luto assim, medindo a chuva e o rio — diz o ribeirinho.

O Jutaí sobe até 12 metros. Na cheia de 2001, um palmo de água cobriu o assoalho da casa.

— Nunca teve um dia de a gente não olhar o nível do rio — diz Daniel.

Retomamos a descida do Jutaí. Um dia depois, avistamos umas 30 toras de cedro e andiroba — madeiras nobres e de extração proibida — empilhadas nas areias de uma praia. Perto de uma casa de palha, num ponto mais alto do terreno, um grupo de homens, mulheres e crianças observa nossas canoas se aproximando. Quando chegamos mais perto, vemos que estão tensos e preocupados. Logo veremos que eles sabem que a expedição é de um órgão do governo.

— Bom dia! Posso chegar? — pergunta Possuelo.

Um dos homens, que aparenta ser o dono da casa e das toras na praia, responde sem entusiasmo:

— Pode.

Ele se chama João Teixeira, 56 anos, e é realmente o dono da casa e das toras. Ao lado dele, um rosto já conhecido da expedição: Oswaldo, seu filho, que um dia antes estava na casa de Daniel Ramalho. Na noite do dia em que compramos a mandioca de Daniel, Oswaldo descera o rio em uma pequena canoa para avisar a família da presença de gente do governo na região. João Teixeira conta ter passado muito mal à noite, com dor de barriga. Diz que quase morreu.

— Quero ir embora pra cidade, mas não tenho motor. Nesse inverno, eu tirei esses cedros e andirobas para construir uma casinha em Jutaí.

Essas desculpas ele vai dando sem que ninguém lhe tenha perguntado pela derrubada das árvores proibidas. E mais: diz que está velho e sem força para derrubar madeira. Repete que quer ir embora do lugar com a mulher, Joana, e os três filhos. A mulher se alegra ao ganhar três agulhas e um carretel de linha de Possuelo. A família se descontrai. A conversa muda.

— Aqui, na beira do rio, quem tem coragem planta. A terra é de Deus e de quem tem coragem. Na cidade, não, tudo é comprado — critica o ribeirinho, que minutos antes falava em ir para Jutaí.

E insiste no elogio ao modo de vida da selva. Conta a história de um conhecido que se mudou para a cidade e plantou num terreno abacate, manga e banana. Um dia, um homem chegou e se disse dono da terra e da roça.

— Na beira do rio, não, ninguém mexe na mangueira plantada pela gente. Daqui não saio não.

Só na despedida é que Possuelo menciona o problema da derrubada da madeira e adverte João:

— Você sabe, isso é proibido.

João fica quieto. Todos parecem aliviados. Da praia, ele e a mulher acenam para a expedição que se afasta.

Por causa das chuvas, o pessoal faz um acampamento com rabo-de-jacu (tampagem de palha) à margem do Jutaí. A tampagem serve para proteger a carne de porco sobre a fogueira. Enquanto esperamos o barco *Kukahã*, os mateiros erguem uma choupana com troncos e folhas de açaí e instalam uma cozinha. Possuelo lembra de acampamentos como este que acabaram se transformando em postos de trabalho de indigenistas. Um desses acampamentos foi o Rancho PV-1, primeiro posto de vigilância construído às margens do Iriri, no Pará, nos anos 1970, durante o trabalho de contato com os índios araras. Ao longo do tempo, a construção foi crescendo e se tornou uma fortificação, cercada por muralhas de troncos amarrados por cipós e com uma torre de observação e vigilância.

Os homens estão ocupados o tempo todo. Lavando panela no rio, limpando as canoas, virando a carne que está assando, cortando lenha, fazendo banco, limpando terreno, consertando a escada de acesso ao rio ou o porto danificado pela chuva — sempre há algo para ser feito. Manter todos em atividade é uma forma de Possuelo evitar brigas e controlar os nervos do pessoal.

Para índios e mateiros, toda comida que tenha sal e farinha é boa. "*Borakemô*", dizem os matises, em língua pano. "*Bak*", dizem os kanamaris, em katukina. "Tô gostando mesmo", diz o branco ribeirinho. O que eles não gostam é de "insosso" (alimento sem sal) e "comida de escoteiro" (sem farinha).

HOMENS INVISÍVEIS

Na manhã de 16 de agosto, sexta-feira, a maioria do homens está ao redor da fogueira, quando se ouve barulho de motor de barco. A princípio, pensamos no *Kukahã*, que traria mantimentos e nos levaria de volta a Tabatinga. Mas o barulho é de um barco da Funasa. Pela primeira vez em mais de dois meses de expedição, vemos uma equipe de um órgão do governo encarregado de cuidar da saúde das populações indígenas e ribeirinhas. O barco, porém, passa direto. Um dos mateiros reclama: poderia haver alguém no nosso grupo precisando de ajuda.

O barco *Kukahã* chega ao acampamento uma semana depois de sair de Tabatinga. Quando o barco ancora no pequeno cais, os homens não esperam o piloto Pedro Lima desligar o motor e entram na embarcação em busca de mochilas, roupas e rádios que haviam deixado no porão ao final da primeira fase da expedição, antes de começarmos a grande caminhada. Menã Matis retira de um dos compartimentos seu rádio toca-fitas.

O piloto Pedro Lima dá detalhes da final da Copa do Mundo entre Brasil e Alemanha. Ronaldinho fizera os dois gols do Brasil e se tornara artilheiro isolado da competição, com oito gols.

— Os alemães partiram para ganhar, mas o Brasil dominou o jogo. Foi festa no país inteiro. A gente bebeu muito — conta ele.

O *Kukahã* trouxera também os computadores, um telefone e geradores para acender lâmpadas elétricas. No camarote do barco, Orlando, o pessoal da *National Geographic* e eu pudemos ligar os computadores e entrar na internet. As versões *on-line* dos jornais dão como certa a vitória de Luiz Inácio Lula da Silva, candidato do Partido dos Trabalhadores, na eleição presidencial. Cafu, Ronaldo e Ronaldinho Gaúcho aparecem em fotografias exibindo a Copa Fifa. Nas ruas das cidades brasileiras, multidões comemoram a conquista do quinto campeonato mundial de futebol. Por mais que, durante a travessia, imaginássemos tudo isso, agora que estamos diante das fotos, a emoção e a surpresa são tão fortes que temos a impressão de estar acordando depois de muito tempo.

Em uma praia próxima ao acampamento, os mateiros passam óleo diesel no casco das canoas de samaúma e angelim. Os fungos aceleram o processo de desgaste da madeira das embarcações. Na avaliação dos mateiros, o fato de a madeira ter sido trabalhada na época da seca agravou o problema.

À noite, com o *Kukahã* ancorado em frente ao acampamento, vou com parte do grupo assistir a programas de TV no barco. No clima abafado do interior da embarcação, sinto grande angústia ao ver cenas de violência em morros do Rio de Janeiro. O longo tempo que permanecemos na mata, longe da cidade, me havia feito esquecer que a verdadeira lei da selva é a das favelas cariocas.

Após o jantar, ribeirinhos, matises, marubos e kanamaris deixam a fogueira e se reúnem em volta da rede de Menã Matis, o único que possui um rádio de pilha. Em silêncio, ouvem Vanderléia, Odair José e Nelson Ned, cantores que fizeram sucesso nos anos de 1970, e Amado Batista. São ídolos antigos que só agora estão chegando ao Vale do Javari. A entrada de aparelhos eletrônicos nas aldeias é vista com ressalvas pelos indigenistas. "Começa pelo rádio, depois vem o forró, a bebida, a tristeza", justifica Possuelo. O sertanista tenta fazer um controle dessa "invasão" reforçando a importância dos cantos do Jabuti, da Caçada de Anta, da Preparação da Caiçuma e da voz de cantadores como Tiemã e Kuinin.

De manhã, os matises estão requentando aruanãs e traíras na fogueira quando o piloto de barco Adelson Pereira aparece com um peixe na mão:

— Vou colocar peixe no fogo como os índios.

Sentado próximo à fogueira, Menã Matis larga a traíra e, virando-se para Adelson, diz:

— Adelson não é *uaçá* (branco).

A resposta do piloto — homem de pele morena, filho de pai tikuna e mãe kokama — mostra que ele não entendeu as palavras de Menã:

— Eu não sabia que ele não gostava de ser chamado de índio — diz Adelson.

Tiamin Matis entra na conversa e explica que, para Menã e os demais matises, serem chamados de índios não é problema.

— É porque o Adelson também é índio — diz Tiamim, em português.

Diante do argumento do matis, Adelson lembra a época de escola, quando era "apenas um caboclinho".

— Meu apelido era Aleluia — conta. — Sofria nas mãos dos outros meninos. Eu era muito caboclinho, mesmo. Um dia me viram sair de uma igreja evangélica e começaram a me apelidar.

Um pirarucu de 1,60 metro cai na malhadeira jogada pelos mateiros num lago perto do acampamento. O peixe é transportado até a cozinha, a 200 metros dali, pendurado em uma vara por uma corda. Embora seja um filhote de pirarucu, são neces-

223

sários cinco homens — Pedro, Raimundo, Odair, Paulo Souza e Orlando — para carregá-lo.

— É um meninão ainda — diz Soldado.

Maior peixe de escamas do Brasil, o pirarucu chega a ter 3 metros e pesar bem mais de 100 quilos. As escamas duras e ásperas são usadas na fabricação de lixas pelos ribeirinhos. A captura do pirarucu pode ser feita com anzol ou arpão. O pescador arremessa o arpão no momento em que o peixe sobe à superfície para respirar. Ante ameaça de predadores, a fêmea guarda os filhotes na boca. Ao subir à superfície, ela os lança para fora, respira e, alguns metros adiante, volta a protegê-los dentro da boca.

— Um bicho muito inteligente — diz José Bezerra.

No *Kukahã*, os homens deixam o acampamento e voltam a descer o Jutaí. Não é preciso remar. O barco tem motor de 125 cavalos de potência e anda em média a 18 quilômetros por hora.

A primeira tarde no *Kukahã* é tranqüila. A noite, também. Os carapanãs não incomodam, mas a temperatura a bordo é alta, em parte por causa do motor, que só é desligado depois da última refeição. Boa parte dos mateiros deixa no convés a rede e vai dormir ao relento, na parte superior da embarcação.

*

À noite, Danilo Rodrigues, um dos três pilotos do *Kukahã*, está ao leme. Ele conta que foi operador de máquinas de barcos de passageiros. Fazia o trajeto Manaus—Tabatinga. Eram cinco dias e cinco noites subindo o rio. A rota incluía Fonte Boa, Jutaí, Santo Antônio do Içá, Amuratá, São Paulo de Olivença, Benjamin Constant e, por último, Tabatinga. Ele trabalhou três anos nos "recreios", como são conhecidos os barcos de passageiros. Lembra das tempestades que enfrentou nas noites amazônicas. Nesses momentos, o piloto tinha de levar a embarcação a um remanso por trás de barrancos, evitando assim ventos mais fortes.

— Era só o motor deixar de fazer barulho para o primeiro passageiro descer da rede. Levantava outro, mais outro. Muitos passageiros acordavam aos gritos.

De vários tipos e tamanhos, os "recreios" podem levar até 150 passageiros. A comida pode ser farta ou apenas um pirarucu com farinha durante toda a viagem. Danilo se recorda dos passageiros problemáticos, geralmente aqueles que se embriagavam na hora do embarque ou durante o trajeto. Era necessária muita paciência.

— Não dá para jogar ninguém na água nem ficar discutindo.

Depois de trabalhar em recreios como o *Vitória da Conquista*, *Almirante Monteiro* e *Manoel Monteiro*, Danilo decidiu deixar a atividade de operador de máquinas. O salário não pagava as contas.

Pela manhã, a expedição entra no rio Mutum, afluente largo e de margens altas do Jutaí. O balanço das palmeiras tucuns e dos açaís indica chuva forte. Antes da formação de nuvens negras, araras vermelhas e cararás sobrevoam o rio. Jacaretingas, um tipo pequeno de jacaré com focinho comprido, estão nas areias das margens.

Possuelo entra numa "voadeira" e segue pelo Mutum para conversar com famílias ribeirinhas. O sertanista quer informações sobre garimpeiros e madeireiros.

Na primeira casa da subida do rio, um homem recebe o sertanista:

— Meu nome certo é Francisco Macário de Souza, mas sou conhecido mesmo por Araújo — diz o morador, depois de ajeitar a camisa rasgada.

Ele, a mulher Teresa e três filhos pequenos vivem isolados nesse trecho do Mutum. A casa da família é coberta com folhas de palmeira caranã. Ancorada no porto, a canoa com cobertura de palha de duas águas chama a atenção de quem chega. Araújo conta ter visto duas balsas de garimpeiros subindo o rio.

— Essa gente está muito longe, muito longe mesmo, rio acima — informa o homem.

— Um dia de voadeira? — pergunta Possuelo.

— Ixi! Mais, muito mais — responde o ribeirinho.

O *Kukahã* está com problemas no hélice, e o comandante decide que a expedição vai descer o Jutaí em vez de subir o Mutum. A embarcação não tem condições de enfrentar uma viagem até o local em que os garimpeiros estariam atuando. O "pé-de-galinha" do barco, uma peça que sustenta um dos eixos do hélice, foi danificada por um tronco.

Quando Possuelo está se despedindo da família ribeirinha, a mulher de Araújo pergunta se ele tem enxada.

— Tem ferro? A gente só tem um pra toda a plantação. Ah, eu não gosto de plantar de pau, não. Não gosto mesmo — diz a mulher com a mão na boca, num misto de acanhamento e ousadia. O marido não tivera coragem de fazer o pedido.

O chefe da expedição não sabe se ainda há enxadas no *Kukahã*, que está cerca de um quilômetro abaixo. Promete que, se encontrar uma, manda alguém entregá-la. Neste momento, Teresa tira a mão da boca e começa a sorrir. Na despedida, enquanto acena para a expedição, continua sorrindo. Mais tarde, os mateiros não encontram nenhuma enxada nas caixas guardadas no porão do barco.

*

O *Kukahã* fica ancorado na boca do Mutum durante a noite. Sem lua e estrelas no céu, seis mateiros saem para pescar em uma lagoa formada pelas águas do Mutum. Antes de entrar na canoa, os mateiros verificam as lanternas. Eles só levam facões e umas varas com pontas de ferro para pescar.

— É a pescaria de fachear — explica Francisco Bezerra.

O facho da lanterna ilumina o peixe na água rasa. É saber usar facão, ter precisão no golpe e cuidado para não acertar o próprio pé. Os mateiros aproximam a canoa dos arbustos que encobrem um dos lados da lagoa. Jacaretingas e outros bichos correm para o mato ao barulho das remadas. Os homens saem da canoa e passam a caminhar por uma capoeira fechada, agachando-se e afastando com as mãos os galhos espinhentos de juari, para entrarem de novo na água e terminarem de atravessar a lagoa. Têm de andar devagar no matagal e mais ainda na água para não espantar os jaraquis e pacus, visíveis na água rasa, muitos.

— Ali naquele raso tem muito peixe! — grita Amarildo.

Com um golpe de facão, ele quase corta ao meio um cará de mais de dois palmos. Pedro Lima chega à canoa com dois tucunarés. Novos golpes de facão, e outros carás, jaraquis, jumentos e tucunarés vão se amontoando no barco. O final da pescaria é no ponto mais fundo da lagoa. Dez jaraquis caem na primeira jogada da malhadeira. Remando, os homens continuam em silêncio. Os mateiros parecem não se impressionar

com a grande quantidade de peixes pulando para fora d'água —
alguns caem dentro da canoa.

Mas Raimundo Lima dá um grito de surpresa ao perceber
entre as linhas da rede um peixe que não costuma cair com freqüência nas malhadeiras:

— É um agulhão! — diz, exibindo o peixe cinzento de bico
comprido.

Na arremessada seguinte, uma surpresa maior:

— Tava falando em flecheiro, olha o flecheiro na rede! —
diz rindo Ivan Uaçá, apontando para um peixe fino, de coloração azulada e uma mancha preta entre as nadadeiras.

*

Pedro Lima, pilotando o *Kukahã* na madrugada de lua, avista
luzes artificiais numa praia do rio e grita. Todos acordam. O barco vai se aproximando. É uma draga de garimpo. Acoplada a
uma embarcação motorizada, uma plataforma contém a grande
e pesada máquina, um alojamento de madeira para a tripulação,
tanques de água em movimento para lavar cascalho e areia (à
cata de ouro), tonéis de óleo, caixas de mantimentos etc. Quando chegamos mais perto, a máquina é desligada e pára de sugar
areia do rio. Possuelo manda o piloto do *Kukahã* encostar. Possuelo e cinco homens pulam para a draga. Subimos as escadas
que dão acesso à parte superior da draga. A máquina é muito
velha, suas chapas de metal estão cheias de ferrugem e marcas de
tiros. Há quatro garimpeiros ali e uma cozinheira.

Um dos garimpeiros diz que o dono da draga não está. Ele
confirma que o grupo não tem licença para esse tipo de minera-

ção. Jéssica Sampaio Nogueira, a cozinheira, 26 anos, aproveita um momento em que os garimpeiros conversam com Possuelo e me pergunta se não pode ir de carona até Jutaí. Conta que morava em Tabatinga, estava desempregada, surgiu o convite para vir pro garimpo... Agora, não agüenta mais. Mostra na parede um calendário com os dias marcados.

— Não vejo a hora de voltar, é muito pium atacando a gente.

À tarde, Possuelo contata por telefone a Polícia Federal em Tabatinga. Um delegado, Mauro Spósito, diz que não tem condições de enviar agentes ao local e pede que a expedição acompanhe a draga até Jutaí, para onde enviará policiais dentro de alguns dias. O monstro desce o rio ao lado do *Kukahã*.

O rio está raso, e a draga só navega de dia, o que nos obriga a fazer o mesmo. As embaúbas, árvores ocas cheias de formigas, cobrem toda a margem, impedindo que os mateiros amarrem redes em terra firme. O convés e a proa do *Kukahã* ficam apertados com tantas redes e colchonetes. O calor é quase insuportável.

Pelo radioamador, o índio Kuinin Matis faz contato com sua aldeia, no rio Ituí, e fica sabendo que um incêndio destruiu sua maloca. A mulher e os quatro filhos do matis escaparam do fogo sem ferimentos, mas não conseguiram retirar roupas, cestos, redes e outros objetos.

— Espingarda acabou, espingarda acabou — lamenta Kuinin na popa do *Kukahã*. A arma custa quase o dinheiro que ele vai receber como guia e mateiro da expedição.

No dia seguinte, somos todos acordados às cinco horas pelo barulho do motor da draga. As luzes da balsa são acesas, e ela volta a descer o rio. No *Kukahã*, uma caneca de café e duas colheres de farofa de ovo são servidas para cada um. A 11 quilômetros por hora, o *Kukahã* e a draga ainda levarão uns três dias até a cidade de Jutaí. Possuelo está preocupado com o que disseram os garimpeiros, que o óleo diesel armazenado na balsa é insuficiente.

Para comprar mandioca, três mateiros deixam o barco e, numa canoa, vão ao sítio de um ribeirinho à margem esquerda do Jutaí. O morador diz que tem muita macaxeira para vender. Quando o grupo chega à roça, o mateiro Amarildo Costas resolve provar uma das raízes.

— É mandioca brava! — constata, furioso. Os três voltam para o barco sem a macaxeira.

O motor da draga pára por falta de óleo. Possuelo e Welker repassam aos garimpeiros 140 litros de combustível. A draga prossegue viagem mais veloz que o *Kukahã*.

— O hélice está muito ruim — grita um dos pilotos do barco.

— Fala baixo, os garimpeiros podem escutar — alguém repreende.

*

Mais de oitenta dias depois, a expedição chega a Jutaí — uma cidade com 22 mil habitantes, com a maior parte das casas à beira do rio ou dentro do rio. O lugar não tem um posto bancário. As transações são feitas em papel-moeda e, muitas vezes, o que se dá é a simples troca de produtos, o escambo.

Desperta curiosidade nos moradores a chegada do pessoal da expedição com suas roupas castigadas pela selva. Por causa do bornal e da barba por fazer, alguns de nós somos confundidos com garimpeiros.

— Pode se abrir comigo, eu gostei de você. Aqui, garimpeiro é bem-vindo, não tem problema.

— Juro, eu só quero biscoito.

Na parede da mercearia, podemos ver pela primeira vez a foto da seleção brasileira de futebol campeã do mundo.

Na parte elevada da cidade, a câmara de vereadores e a maioria das lojas e casas são de tábuas. Na margem do rio, o comércio é mais movimentado. Há uma fileira de barracões flutuantes com estaleiros, peixarias e lojas de ferramentas e de equipamentos para pesca e caça. O acesso a muitas das lojas só é possível de barco. Ao cais da cidade chegam ribeirinhos vindos de longe para vender peixes e comprar mantimentos.

Pio Freitas, 51 anos, dono de três flutuantes, ostenta um grande crucifixo de ouro no peito e conta que é um sobrevivente do inferno do garimpo. Ele chegou a Jutaí há sete anos, dias depois de ver afundar o barco em que trabalhava. A embarcação virou ao bater no baixio de um trecho do rio Bóia. Sílvio Barbosa, um conhecido dele, morreu preso em um camarote.

— Não troco isso aqui por nada — diz, ao lado de três dos seis filhos adultos.

Nascido em Humaitá, Amazonas, ele passou 15 anos na extração de ouro. Conta que mais de mil balsas chegaram a atuar no garimpo do Belmonte, da Cachoeira dos Periquitos, no rio Madeira, em Rondônia. A fofoca do Belmonte era movimentada. "Fofoca" é a movimentação de balsas e dragas numa área do rio.

— Mulher vinha toda hora. O brega era o dono do flutuante, vendedor de bebida e de mulher solteira.

Pio Freitas lembra de um acontecido no garimpo em que foram mortos a bala quatro garimpeiros.

— Há 20 anos, Sandrinha, a "Pepita" dos garimpeiros, foi cantar no brega, e a noite acabou em tiroteio.

Na hora dos tiros, Pio estava em uma corrutela, pequeno comércio típico de garimpo. Pensou que eram fogos de artifício.

— Aí, vi os corpos descendo o rio de bubuia, se arrebentando nos motores das balsas.

Também em Jutaí, Pio enfrentou apertos. A situação começou a mudar nos últimos três anos, quando conseguiu comprar outros barracões.

A família vende comida, peças de motor de barco, combustível e bebida. Lamparinas de lata e chapéus, vassouras e peneiras enchem as prateleiras das lojas. Numa parede dos fundos está pendurado um tipiti, o cilindro de palha feito para amassar mandioca. Sai por 30 reais.

— Nas comunidades do Itaquaí, o pessoal só fabrica farinha com prensa. Ninguém quer saber mais de tipiti, que só amassa 15 quilos, é um processo muito trabalhoso — comenta o mateiro Amarildo.

O delegado Alysson Lima, 26 anos, ajuda a expedição a procurar um homem para vigiar a draga apreendida. Cinco moradores são consultados, mas nenhum aceita o serviço.

— Todos têm medo dos garimpeiros — surpreende-se o delegado, que é novo na cidade.

O pessoal da expedição passa a tarde consertando o leme do *Kukahã*. À noite, os mateiros recebem permissão de Possuelo para freqüentar os bares da cidade. Para poderem ir também, os índios da expedição se comprometem com o sertanista a só beberem refrigerantes. E cumprem a palavra.

O prefeito de Jutaí, Asclepíades de Souza, do Partido Liberal, 45 anos, acusa um certo Moisés Israel, negociante de Manaus, de controlar o comércio ilegal de ouro e madeira no município. A draga apreendida pela expedição pertenceria a Moisés Israel.

— Esse cidadão nunca apareceu por aqui, mas sempre manda homens e se considera dono do rio. Não dá para comprar briga com todo mundo. Eles se unem contra você.

Dono de supermercados, o prefeito está no primeiro mandato. Sabe que madeireiros e garimpeiros agem livremente no município.

— As dragas entram no rio à noite, sem ninguém ver. Se a prefeitura for atrás na manhã seguinte, não vai encontrá-las e perderá combustível. Isto aqui é atrasado mesmo. A única fábrica rentável é a fábrica de fazer filhos.

Estirado numa rede amarrada no convés de um barco no cais, o madeireiro Davi Coelho, 51 anos, reclama da demarcação da reserva indígena do Vale do Javari. A política do governo prejudica seus negócios. Ele confirma que extrai madeira em áreas indígenas.

— Inventaram aldeias logo nas minhas terras. Lá só vivem caboclos. Não aceito discriminação e censura. Aqui, todo mundo é caboclo. Meu pai é cearense, e minha falecida mãe era caboclinha do pé duro.

Até 1996, ano da criação da reserva, Davi Coelho mantinha contratadas 60 famílias para cortar madeira. Chegava a produzir

2 mil toras no inverno (de janeiro a junho). O posto da Funai em Jutaí o acusa de retirar da mata 900 andirobas e itaúbas e de não pagar aos índios contratados. O pagamento seria um pequeno motor de barco, de menos de 2 mil reais — uma insignificância em comparação com o valor da madeira.

*

À margem do Solimões, Tonantins é mais um município isolado do extremo oeste do Amazonas. Quando *o Kukahã* se aproxima, os ribeirinhos da expedição dizem que o porto da cidade é parada do "recreio", o barco de passageiros típico da Amazônia. Resolvo viajar nessa embarcação até Tabatinga, destino final do *Kukahã*. Informo a Possuelo que nos reencontraremos em Tabatinga e desço para o cais de Tonantins. Uma multidão com sacos, malas e cachos de bananas às costas desce a escadaria de mais de 150 metros que liga o centro ao cais. A cidade sempre se agita quando os navios de passageiros com destino a Manaus ou Santo Antônio de Içá atracam no porto.

As antenas de televisão nos telhados de Tonantins e das cidades vizinhas captam apenas o sinal de uma emissora filiada à Rede Globo no Rio Grande do Sul, no outro extremo do país. Só quem dispõe de antena parabólica consegue assistir à programação transmitida de Manaus.

Um comerciante diz que pelo menos não é obrigado a ver a cara de certos "tucuxis" da capital. O nome boto-tucuxi, um mamífero de cor parda e considerado muito esperto, tornou-se apelido pejorativo de autoridades amazonenses, como o senador e ex-governador Gilberto Mestrinho, defensor da tese de que nunca houve na Amazônia massacres de índios, apenas "aculturação".

Ao pôr-do-sol, meninos e meninas se lançam às águas barrentas do Solimões e se divertem nadando entre os flutuantes. A algazarra das crianças não chega a espantar os botos cor-de-rosa que nadam a poucos metros dali e fazem um barulhão a cada vez que sobem à superfície.

O barco de passageiros deveria ancorar às 15h de domingo no cais flutuante. Fiquei esperando até umas 21h, e o barco não apareceu. Voltei para a pensão. Pela manhã, fiquei sabendo que o recreio pregou peça em todos. Passou às 2h e não esperou por ninguém. Quem perdeu perdeu.

— O próximo recreio deve passar só na próxima semana — informa Bernardo Gomes, o dono da pensão.

Bernardo Gomes me recomenda ficar no cais para tentar uma carona até Santo Antônio de Içá, onde certamente o recreio aportaria.

— O barco *Manoel Monteiro II* ainda deve estar em Santo Antônio de Içá. Mas caso tenha partido para Amaturá, você não perde nada; estar em Santo Antônio é estar no mundo grande, tem telefone funcionando, tem tudo — afirma Gomes. Em Tonantins, os telefones não funcionam há 20 dias.

A proprietária de um dos flutuantes me sugere procurar Wellington Santos, dono de uma loja na cidade. Ele recebia mercadorias pelo recreio e costumava perder o horário do barco. Sempre ia atrás do recreio com uma lancha voadeira.

— Quem sabe ele não perdeu de novo a hora?

Wellington Santos está ali mesmo, no cais.

— Eu perdi o recreio — lamenta.

Proponho dividirmos o custo da viagem até encontrarmos o recreio. Pede que compre para a voadeira uma lata de querosene. Quando chegamos a Santo Antônio de Içá, mais uma cidade de casas de tábuas à margem esquerda do Solimões, o recreio já passou. Wellington Santos liga novamente o motor da lancha. Dos barrancos, crianças índias acenam. Na superfície do rio, há muito óleo diesel jogado pelos barcos. Enfim, conseguimos avistar o recreio, uns 200 metros adiante. As ondas que ele empurra em nossa direção fazem a voadeira jogar bastante. Quando a lancha consegue encostar no recreio, o comerciante fica sabendo que não há encomenda para ele.

— Combustível perdido — lamenta Wellington. Passageiros do recreio se inclinam na amurada e estendem as mãos para me ajudar a embarcar.

Em todos os lugarejos, o barco descarrega caixas de ovos, melancias, peixes, fogões, geladeiras, copos, caixas de tomate, cerâmicas e roupas. É assim em Amaturá, São Paulo de Olivença e Benjamin Constant, escalas do trajeto até Tabatinga. Os produtos serão revendidos nos flutuantes ao longo do Solimões.

O barco *Manoel Monteiro II* tem três andares. Na parte de baixo, ficam as mercadorias. O segundo andar é reservado às redes, ao refeitório e aos banheiros. E no terceiro andar estão a cabine de comando, os camarotes e uma lanchonete com caixas de som que tocam músicas sertanejas. É no segundo andar que amarro a minha rede.

Um passageiro puxa conversa. Izaque Pereira Correia, 61 anos, pede detalhes de uma história que ouviu de dois kulinas: a expedição de um tal Possuelo estaria levando dois flecheiros presos numa jaula para "amansar" em Manaus.

Há dois anos, Izaque vive do contrabando de peixes ornamentais. Duas vezes por dia, desce ao porão do barco para colocar oxigênio nos mais de cem sacos plásticos com os peixinhos que vai vender em Letícia, na Colômbia. Cada caradiço pretoazulado é vendido a 3 reais. Por mês, Izaque captura ilegalmente cerca de 500 peixes. Para justificar a atividade clandestina, ele reclama do preço da borracha, que não compensa, e da proibição de cortar madeira.

— Os peixinhos mantêm o povo da região. A gente está muito esquecido aqui.

Na região, comenta-se que haveria ligação entre os vendedores de peixinhos ornamentais e os traficantes colombianos de drogas. O comércio de peixinhos seria uma forma de os traficantes lavarem dinheiro.

Meia-noite e meia de terça-feira. Os passageiros acordam com a buzina do barco. Os homens começam a descarregar mercadorias no porto de São Paulo de Olivença, à margem direita do Solimões. Uma mulher pequena, de cabelos curtos, comanda um grupo de carregadores que retiram caixas de frutas e verduras do porão do recreio.

— Ligeiro, é pra ontem! — grita Jarlete Alves Coelho, 51 anos, comandante do barco *Manoel Monteiro II*.

Única comandante de barcos a navegar pelo rios do Alto Solimões, Jarlete demonstra segurança.

— Meu marido tem visão para ganhar dinheiro, mas eu tenho muito mais coragem para viajar.

Tanto o *Manoel Monteiro II* quanto o *Manoel Monteiro* e o *Almirante Monteiro* pertencem ao marido de Jarlete, Pedro Monteiro de Araújo. Depois de 28 anos como enfermeira em Manaus e de criar quatro filhos, Jarlete decidiu "fazer o que gosta", atuar como administradora de barco.

— Eu tenho condições de ficar em casa, mas meu prazer é estar aqui, passar de cidade em cidade do Alto Solimões.

O *Manoel Monteiro II* pesa 180 toneladas e tem 42 metros de comprimento, 2 metros de casco submerso e 16 tripulantes. Hoje, cerca de 80 passageiros estão a bordo do recreio. Jarlete me convida para jantar.

— O povo aqui é uma família, gaiato não chega nem perto.

Jarlete passa 14 dias no percurso Manaus—Tabatinga—Manaus e seis dias em casa, de folga. Conta que perdeu o pai aos 8 anos. Teve de trabalhar fora para ajudar a mãe viúva a sustentar cinco irmãos. Só concluiu a faculdade de enfermagem depois do casamento.

Não esconde o fascínio pelo Amazonas.

— É muita água e muito verde, não dá para comparar com nada no mundo.

— E quando ocorrem tempestades?

— Ah, a gente sabe pelo olhar se vai ser preciso parar o barco na margem.

É de longe, do estirão do rio, que Jarlete e seus pilotos reconhecem nuvem baixa, média, alta e carregada.

Reencontro a expedição em Tabatinga no momento em que Possuelo acerta as contas com os mateiros. Ribeirinhos e índios recebem 900 reais pelo trabalho. Narean Kanamari gasta tudo de uma vez: compra um rádio toca-fitas por 700 reais e um fardo de 60 quilos de açúcar por 200 reais. Não levará o aparelho para

Remansinho, onde mora. O som ficará na casa de um parente, em Atalaia do Norte, cidade com energia elétrica. Quando quiser ouvir música eletrônica, terá de descer o rio, numa viagem de semanas até a casa desse parente. Os ribeirinhos de São Rafael, no Itaquaí, ainda pretendem aproveitar o verão amazônico para plantar feijão e melancia nas praias. Em Tabatinga, eles compram sementes e outros produtos, como óleo, café, sabão e sal.

O mateiro Francisco Bezerra, aquele que tinha esperado o pai sair de casa para fugir e acompanhar a expedição, faz uma espécie de balanço da aventura:

— Eu queria saber como era a selva, mas não gostei de ver as flechas de taquara. Foi ótimo. Só faltou mulher. E um pouco de farinha.

*

Horas depois de ancorar o *Kukahã* no porto de Tabatinga, Possuelo sobe de lancha o Itaquaí para uma visita à aldeia dos korubos, índios ferozes e conhecidos pelo nome de "caceteiros", por causa do tipo de tacape que utilizam. É a última missão de Possuelo no Vale do Javari em 2002. Apenas sete homens vão acompanhá-lo. Foi nessa aldeia que, em 1997, o índio Takcpã matou o funcionário da Funai Raimundo Batista Magalhães, o Sobral, rachando-lhe o crânio a cacetadas. Sobral e outros funcionários da Funai inspecionavam a região desde o ano anterior, quando madeireiros começaram a ameaçar os índios korubos.

Com as ameaças, os índios tinham deixado de construir à beira do rio suas malocas permanentes, transferindo-as para o interior da selva, de mais difícil acesso. Relatório encontrado nos arquivos da Funai revela uma série de conflitos com mortes de brancos e índios. Até autoridades participaram de massacres, tomando a defesa dos madeireiros. A Funai acusou o prefeito Marcos Monteiro da Silva de fornecer oito caixas de cartuchos calibre 16 a Maria Lopes de Andrade, mulher de um madeireiro conhecido como "Andrade". Esse madeireiro e um grupo de outros moradores de Ladário, segundo a Funai, mataram vários korubos. Nas décadas de 70, 80 e 90, oito indigenistas foram mortos pelos korubos. Em 1995, um grupo desses índios matou a pauladas o ribeirinho Guilherme Barbosa, de Atalaia do Norte. Em novembro de 2000, korubos mataram no rio Quixito os madeireiros Antônio Mariano de Souza, José Carlos Mariano e Raimundo Mariano. Tiveram as cabeças esmagadas.

Na aldeia que Possuelo vai visitar vive um grupo de apenas 19 korubos, os únicos que tiveram algum contato com homens brancos. Cerca de três centenas deles permanecem isolados na selva. Desde o primeiro contato com esse grupo, em 1996, Possuelo se sente responsável pela vida deles. O receio do sertanista é de que aconteça com o grupo as mesmas tragédias que se abateram sobre outros povos contatados por ele, como os araras e os awá-guajás. Por isso, impõe normas rígidas para evitar a entrada de estranhos na aldeia. Além dos madeireiros, caçadores e garimpeiros, para os quais um índio é um bicho, há forasteiros de todo tipo — turistas ou fotógrafos e cinegrafistas — interessados apenas em faturar com a venda de imagens do cotidiano dos "selvagens" nus.

Usar índio como espetáculo é uma prática anterior à chegada de Cabral à Bahia, em abril de 1500. Em 1499, o navegador espanhol Vicente Pinzón transportou 36 nativos da Amazônia para a Europa. Dezesseis morreram durante a travessia do Atlântico. Cabral, ao voltar a Portugal, levou um índio para o rei conhecer. Na Europa, os índios da América eram objeto de curiosidade ou usados como escravos. Durante as viagens, os marinheiros abusavam das índias. Para os exploradores, não era difícil convencer os índios a entrarem nos navios. Muitos nativos pensavam estar indo para o céu. Os guaranis, por exemplo, acreditam na existência de uma terra sem males localizada a leste. Autor de *O índio brasileiro e a Revolução Francesa*, Afonso Arinos de Melo Franco relata que, em 1613, seis índios tupinambás do Maranhão tiveram recepção de gala em Paris. Desfilaram pelas ruas da cidade e foram recebidos no Louvre por Luís XIII. Três desses nativos morreram durante as festas, supostamente de pneumonia. Os três tupinambás sobreviventes retornaram ao Brasil no ano seguinte, cada um trazendo consigo uma francesinha. À época, o Maranhão era ocupado pelos franceses.

O grupo de Possuelo que se dirige à aldeia dos korubos precisa navegar cinco horas até a base de Atalaia do Norte. Ainda à tarde, o sertanista e o grupo entram com a lancha "voadeira" no rio Ituí e, depois de uma hora, aportam numa praia, onde dois índios adolescentes brincam. Possuelo pergunta onde está Maiá Korubo, cacique da aldeia. Meio escondidos atrás de uma moita, os dois índios apontam para o interior da mata, de onde surgem vários korubos armados com pedaços de paus, que reconhecem Possuelo. Escoltado por esses índios, o grupo percorre cerca de 300 metros até a maloca que constitui a aldeia.

À nossa frente passam mulheres korubos carregando seus filhos nas costas, seguros por uma alça feita com casca de árvore.

Todos na aldeia são fortes e sadios e têm dentes perfeitos. Têm as cabeças raspadas e deixam uma franja na testa — exatamente como Ronaldo Nazário nos pôsteres que tínhamos visto em Jutaí.

Os korubos em nada se parecem com os índios que a gente costuma ver nos livros escolares. Nas obras didáticas, o índio aparece apenas nas primeiras páginas para compor o cenário para os protagonistas, os "descobridores" europeus. Depois da chegada dos portugueses, o índio vira "o canibal". Já nos relatos em que entram os jesuítas, o nativo é mostrado como uma criatura dócil, que aceita a catequese. Há ainda autores mais "atualizados" que descrevem o índio como herói valente. Aliás, obras didáticas consideram que a contribuição do índio se limita ao uso da rede de dormir, à domesticação da mandioca e à preservação de palavras de origem tupi. Suas formas de ver e sentir o mundo, sua relação com o ambiente e seus ritos são ignorados. A maioria dos estudantes acaba vendo o índio de forma simplista, apenas como um ser do passado.

Pouco se enxerga no interior da maloca. Na cobertura de palha, não há frestas, a luz do sol entra apenas pelas duas portas de um metro de altura e meio de largura. Os jovens da tribo informam Maiá Korubo da presença de Possuelo. Maiá é uma índia de uns 40 anos, 1,60 metro de altura, cabeça raspada, franja na testa, o corpo todo pintado de uruçu. Estendida deitada em uma rede, espera em silêncio e sorrindo enquanto o pessoal se apresenta, um a um.

Três panelas de alumínio e miçangas de plástico (compradas na cidade) são as únicas marcas da "civilização" na maloca onde está a cacique dos korubos. Balançando-se levemente na rede de tucum, a mulher começa a conversar com Possuelo, auxiliada por um intérprete matis, etnia de língua muita parecida com a dos korubos. Xixu, segundo marido de Maiá, 40 anos, fica quieto quando a mulher fala. Do primeiro casamento, Maiá tem cinco filhos. De Xixu, Maiá tem a caçula, Manisse. Maiá vivera em outro grupo korubo, na mata, até se desentender com os irmãos, que acabaram matando o primeiro marido dela. À revelia de todos, Maiá casou-se com Xixu e se mudou para o Ituí, levando com ela um grupo de korubos com os quais fundou a aldeia atual, que comanda com mão de ferro.

Durante a conversa conosco, Maiá faz questão de gravar os nomes de todos e, voz fina, mas firme, pede a cada um que repita o seu. Ora sorri, ora dá gargalhadas. Alguns dos nomes, ela mesma repete, como para ter certeza de que os aprendeu. Fica interessada quando Possuelo conta ter feito uma expedição ao território dos flecheiros, nas cabeceiras do Jutaí e Itaquaí.

— Funai foi lá ver se tinha branco tirando madeira de flecheiro, matando bicho de flecheiro — explica o sertanista.

Maiá Korubo lembra, então, de mortes de pessoas de sua tribo por brancos.

Xixu, finalmente, fala. O intérprete matis explica ao sertanista que o marido de Maiá quer saber se os flecheiros usam cacetes como os korubos.

— Não, não são parentes de vocês — responde Possuelo.

Em seguida, Xixu pergunta se a expedição havia entrado no rio Branco.

— O Xixu está dizendo que, no Branco, madeireiro matou parente dele — traduz o matis.

O índio Marebó, de cerca de 20 anos, mostra chumbos sob a pele perto do olho esquerdo e nas costas. É antigo o conflito dos madeireiros e caçadores com os korubos. Em 1928, uma expedição de peruanos e tikunas matou 40 korubos. De 1960 para cá, dezenas de índios e brancos foram mortos. Nos anos de 1980 e 1990, os korubos liderados por Maiá passaram a ter choques freqüentes com os riberinhos. A Funai, então, fez contato com a tribo. Várias foram as tentativas que resultaram em tragédia. Pelo menos oito indigenistas morreram. Em 1996, depois de um trabalho de quatro meses, Possuelo conseguiu se aproximar do grupo.

Ao ver um isqueiro na mão do repórter Scott Wallace, Xixu lembra-se do dia em que ganhou um objeto desses de um indigenista, mas acabou estragando-o, porque não sabia usá-lo.

— Mas ele disse que, se hoje ganhar um, vai saber usar direitinho — completa o intérprete.

Com autorização de Possuelo, Scott lhe dá o isqueiro de presente.

Quase no fim da tarde, todos vamos com Maiá ao terreiro da aldeia, onde estão os demais korubos. Ela e Xixu sentam-se num tronco de árvore tombado, e Possuelo senta-se também. Os outros índios se aproximam. Antonio, funcionário da Funai, consultando antes um caderno de anotações, distribui gotas de um medicamento às crianças índias. Depois, Possuelo filma Xixu e Maiá com uma câmera de vídeo digital e, em seguida, mostra-lhes o resultado. A cacique e o marido se divertem vendo suas próprias imagens.

As crianças korubos se aproximam de Possuelo. Exibem macacos e queixadas domesticados. O clima, porém, ainda é tenso. Os homens da tribo não largam os pesados porretes de um metro e meio de comprimento.

O casal começa a relembrar o dia em que o sertanista se aproximara, para fazer o primeiro contato, com os homens da expedição cantando "Mulher Rendeira". (Na cultura indígena, apenas os inimigos chegam em silêncio.)

Depois de meses na selva, você acha que não mais se surpreenderá. Engano. A cacique se levanta do tronco, vai até um pé de urucum, a uns 20 metros, e volta para perto de Possuelo. Amassa nas palmas das mãos um punhado de sementes do corante, misturando-as com saliva. De repente, ela acena para você, chamando. Você fica na dúvida. Alguns homens confirmam que ela está pedindo que você se aproxime. Maiá esfrega novamente o urucum com as mãos, chega perto de você e passa a tintura no seu rosto. O corante é de guerra, mas o gesto, neste momento, é de receptividade.

Antes de anoitecer, a expedição deixa a aldeia. Maiá volta para sua rede. Possuelo e seu grupo vão de lancha para a base da Funai, a uma hora dali, onde pernoitarão. É o fim da mais longa viagem indigenista dos últimos 18 anos no país. O trabalho do sertanista no Vale do Javari durou 110 dias, incluindo os 12 dias de preparativos e as inspeções aéreas.

— Tchau, amigo! Tchau, amigo! — se despede o índio Marebó Korubo enquanto empurra para dentro do rio a lancha "voadeira".

*

Na pista de Tabatinga, o avião vai decolar rumo a Manaus. Lembro do portal de cipós e arbustos na trilha aberta pelos flecheiros ao passar pela porta da aeronave.

A tarde clara e ensolarada, típica de setembro, permite aos passageiros avistarem a floresta durante as duas horas de viagem até a capital do Amazonas. É possível ver a sinuosidade dos rios e igarapés. Quem passa mais de três meses na região, olha diferente a paisagem e tem consciência de estar voando dentro de um pássaro cuspindo fogo. A Amazônia deixa de ser apenas uma imagem verde.

Desvio os olhos da janela do avião quando noto que um passageiro ao lado folheia uma revista. Dá vontade de pedir emprestada a publicação para saber detalhes da final da Copa do Mundo.

Integrantes da expedição

Chefe:
Sydney Possuelo

Apoio:
Mauro Gomes Fortes (cozinheiro)
Orlando de Moraes Possuelo
Paulo de Souza Ribeiro (cozinheiro)
Paulo Welker

Mateiros ribeirinhos:
Amarildo Costas Oliveiras, o Pelado
Francisco Bezerra, o Chico
José Bezerra, genro de Soldado
Odair Rios, filho de Soldado
Raimundo Lima
Valdeci Rios, o Soldado

Mateiros matises:
Tiemã
Ivan Uaçá
Ivan Arapá
Tiamin
Kuinin Xumarapá
Kuinin Montac
Kuinin II
Binã Menã
Binã Maxupá
Makã

Damã
Tepi

Mateiros marubos:
Papumpa, chamado de Alcino pelos brancos
Pekumpa ou Waxekamã, o Adelino

Mateiros kanamaris:*
Makowana, Alfredo
Tiuí, João
Narean, Wilson
Iodi, José
Biju, Márcio
Madô, Remi

Apoio II:**
Pedro Lima (piloto)
Adelson Pereira Brás (piloto)
Danilo Rodrigues da Silva (piloto)
Antônio Melo (indigenista)
Dirk Englisch (médico)
Andrea Tonacci (cineasta)
Makã II Matis (ajudante)
Makituru Matis (ajudante)
José Francisco (ajudante)

Outros jornalistas:
Nicolas Reynard, *National Geographic* (fotógrafo)
Scott Wallace, *National Geographic* (repórter)

---

*Os kanamaris entraram na expedição dias depois do início da viagem, assim como o repórter Scott Wallace e o fotógrafo Nicolas Reynard, que estavam a serviço da revista *National Geographic*.
**Os pilotos participaram da primeira e da terceira fases da viagem. Os demais acompanharam o grupo na primeira semana.

Relatório de distâncias*

Total percorrido pela expedição, de junho a setembro:
3.743 quilômetros

Primeira fase:
1.353 quilômetros navegados em barcos e lanchas motorizados nos rios Itaquaí e Branco e no igarapé São José

Segunda fase:
267 quilômetros percorridos a pé na selva, faixa de terra entre os rios Itaquaí e Jutaí

Terceira fase:
371 quilômetros navegados em canoas a remo no rio Jutaí
1.752 quilômetros em barcos motorizados nos rios Jutaí, Mutum e Solimões

Rios navegados:
Javari, Itaquaí, Branco, São José (igarapé), Jutaí, Curuena, Mutum, Solimões, Dávi (igarapé) e Ituí

Aldeias visitadas:
Kanamari, Remansinho, beira do Itaquaí
Kanamari, Massapé, Itaquaí
Kanamari, Bananal, Itaquaí

---

*Dados levantados por Sydney Possuelo.

Kanamari, Beija-Flor, Itaquaí
Kanamari, Pedras, Itaquaí
Kanamari, Jarinal, Jutaí
Kanamari, Queimada Velha, Jutaí
Kanamari, Queimada Nova, Jutaí
Korubo, Ituí

Aldeia isolada:
Flecheiros, Alto Jutaí

Referências obtidas com aparelhos de localização por satélite:
Pista clandestina de vôo construída por traficantes colombianos:
S6 23 08.0 W71 25 48.0
Ponto de início da caminhada, na margem do Itaquaí, 29 de junho:
S6 29 36.7 W70 52 38.9
Local da antena onde o grupo soube o resultado final da Copa do Mundo, em 12 de julho:
S6 23 25.5 W70 19 18.2
Pernoite posterior à entrada na aldeia dos flecheiros, em 17 de julho:
S6 16 31.0 W70 01 06.5
Área de construção de canoas, onde o grupo permaneceu de 20 de julho a 2 de agosto:
S6 09 39.4 W69 51 25.8
Acampamento onde o pessoal esperou o *Kukahã*, em 13 de agosto:
S5 08 54.1 W68 51 44.8

Os cálculos foram feitos com quatro aparelhos GPS, marca Garmin, sendo três do modelo 12XL, de 12 canais, e um fixo no barco *Kukahã*, modelo 125 Sounder. O grupo se orientou com cartas do Ministério da Defesa e instrumentos convencionais, como bússolas, réguas, compassos, transferidores e escalas. Nas distâncias entre os pontos estão incluídos desvios verticais e horizontais impostos pelas condições geográficas, tais como grandes depressões, cursos d'água e áreas de vegetação densa. Ao medir trechos de rio, o grupo acrescentou 115%, como foi o caso do acampamento das canoas até o local de encontro com o barco *Kukahã*, percurso feito a remo.

Morre o sertanista Orlando Villas Bôas

O sertanista Orlando Villas Bôas morreu aos 88 anos devido à falência múltipla dos órgãos, desencadeada por um processo agudo de infecção intestinal. Ele estava internado desde 14 de novembro, no hospital Albert Einstein, no bairro do Morumbi, zona sul de São Paulo. Orlando Villas Bôas nasceu em Botucatu e foi um dos mais importantes sertanistas do Brasil. Pelo trabalho com tribos do Xingu, ele foi indicado ao Nobel da Paz em 1976.

(Rádio Jovem Pan, 12/12/2002)

Possuelo, o novo herói do
império britânico

Um brasileiro defensor dos direitos humanos na Amazônia vai entrar para a galeria dos grandes exploradores homenageados pelo império britânico. Com aprovação da rainha Elizabeth II, a tradicional Royal Geographical Society premiará no dia 7 com medalha de ouro o sertanista Sydney Possuelo, por sua dedicação aos povos isolados. A lista dos premiados inclui aventureiros que foram mordidos por leões, enfrentaram baixíssimas temperaturas ou levaram cavalos para marajás indianos a pedido de reis. O premiado desta vez não é o sobrevivente tradicional, mas o responsável por garantir a sobrevivência de pessoas ameaçadas por madeireiros, garimpeiros e caçadores.

(...) Acostumado a bermudas e chapéus rasgados, Possuelo vai colocar terno em Londres. "Não vejo problemas em usar gravata. Os índios não fazem esforço enorme para se pintar e colocar adornos?"

A galeria inclui: David Livingstone, primeiro europeu a ver as Cataratas Vitória (1855), Henry Stanley, que confirmou que o Lago Vitória é afluente do Nilo (1873), Roald Amundsen, conquistador do Pólo Sul (1907), Edmund Hillary, que chegou ao cume do Everest (1958) e Jacques Cousteau, oceanógrafo (2001).

(Leonencio Nossa, *O Estado de S.Paulo*, 30/5/2004)

Acidente de hidroavião mata três na Amazônia

Três pessoas morreram ontem em conseqüência da queda de um hidroavião no município de Novo Airão, próximo a Manaus. O fotógrafo francês Nicolas Reynard — conhecido internacionalmente por suas reportagens para a revista *National Geographic* na Amazônia, na África e na Guerra do Golfo —, um jornalista francês identificado como Joel e o piloto brasileiro Paulo Miranda documentavam o trabalho do casal de aventureiros Gérard e Margi Moss no arquipélago de Anavilhanas quando o aparelho caiu. Até o fim da tarde de ontem, os mergulhadores do Corpo de Bombeiros de Manaus ainda não tinham encontrado os corpos. "Estávamos voando em Anavilhanas quando eles nos pediram para ir um pouco adiante, porque queriam continuar a fazer imagens. De repente, perdemos o contato por rádio. Foi então que vimos o hidroavião afundando, de cabeça para baixo, no Rio Negro", conta Margi.

(Ismael Machado e Leticia Helena, *O Globo*, 12/11/2004)

Marinha busca corpo de francês no AM

A Marinha foi chamada pelo Corpo de Bombeiros de Manaus para ajudar no resgate do corpo do jornalista francês Joël Donnet, que morreu na queda de um hidroavião, na manhã de quinta-feira, perto de Novo Airão, no Amazonas. Os corpos do piloto Paulo Miranda e do fotógrafo Nicolas Reynard foram encontrados por mergulhadores.

(*O Globo*, 13/11/2004)

Sertanista acusa STJ de ignorar
aldeia e favorecer grileiros

O sertanista Sydney Possuelo vai aproveitar a festa dos 400 anos do Quixote, nesta semana, na Espanha, para denunciar a organismos internacionais o Superior Tribunal de Justiça (STJ), por entregar a madeireiros 166 mil hectares no Alto Rio Pardo, entre Mato Grosso e Amazonas, onde vivem 20 índios isolados. Homenageado pelo governo espanhol no aniversário da obra de Miguel de Cervantes, Possuelo repassou ao *Estado* dossiê que contesta a avaliação aceita pelo STJ de que não existem isolados na área. "Vou dizer que a Justiça foi arbitrária e permitiu a entrada de madeireiros e a matança de índios", avisou.

Em entrevista ao *Estado*, o sertanista se disse desapontado com a política indigenista do governo Luiz Inácio Lula da Silva. Apesar de demonstrar respeito pela ministra do Meio Ambiente, Marina Silva, Possuelo criticou ações dela na Amazônia. (...) "Esperava mais de um governo que é regido por um homem vindo das fábricas", reclamou.

(Leonencio Nossa, *O Estado de S.Paulo*, 18/4/2005)

Funai rejeita críticas da Anistia Internacional

O presidente da Funai, Mércio Pereira Gomes, rejeitou relatório da Anistia Internacional que atribuiu ao governo assassinatos de indígenas. (...) A Anistia citou relatório da ONG Conselho Missionário Indigenista segundo o qual o número de ativistas indígenas mortos subiu para 38 em 2005. A Anistia disse que o governo contribuiu com as mortes pela demora em demarcar terras. (...) A Funai demarcou cinco territórios no ano passado. Gomes disse que o processo está chegando ao fim, pois as reservas representam 12 por cento do território nacional. "É terra demais. Até agora, não há limites para suas reivindicações fundiárias, estamos chegando a um ponto em que o Supremo Tribunal Federal terá de definir limite", afirmou Gomes.

(Andrei Khalip, *Agência Reuters*, 12/1/2006, às 00h49)

"É de assustar", reage Possuelo

Por radiotransmissor, do interior do Pará, o sertanista Sydney Possuelo disse ao *Estado* que o presidente da Funai, Mércio Pereira Gomes, fala a língua dos fazendeiros e madeireiros. Em visita a uma aldeia na margem do Rio Cuminã-Panema, a 2 horas de avião bimotor de Santarém, Possuelo avaliou que, agora, cabe ao presidente Luiz Inácio Lula da Silva acabar com a confusão e deixar claro se a visão de Gomes é individual ou representa a política do governo. "Já ouvi esse discurso de fazendeiro, grileiro, garimpeiro e madeireiro. Estou acostumado. Mas de presidente da Funai é a primeira vez. É de assustar", afirmou o sertanista. (...) Possuelo está, no momento, na terra dos zoés, índios conhecidos pela alegria e descontração.

(Leonencio Nossa, *O Estado de S.Paulo*, 14/1/2006)

Indigenista que criticou presidente
da Funai é demitido

O *Diário Oficial* publica hoje portaria do Ministério da Justiça demitindo o coordenador-geral de Índios Isolados da Funai, Sydney Possuelo. A demissão ocorre depois de Possuelo ter criticado, em entrevista ao *Estado*, o presidente da Funai, Mércio Pereira Gomes, que afirmara à *Agência Reuters* que os índios têm terra demais. Possuelo é considerado o mais destacado defensor de índios da atualidade, tendo sido agraciado com o título de herói pela Royal Geographical Society.

(Leonencio Nossa, *Agência Estado*, 23/1/2006, às 11h04)

Presidente da Funai é investigado por
viagens à Europa

O Tribunal de Contas da União (TCU) investiga uma série de viagens do presidente da Funai, Mércio Pereira Gomes, a "aldeias" do Rio, Estados Unidos e Europa. Dois relatórios obtidos pelo *Estado* mostram que a agência Money Turismo emitiu, em nome de Gomes, num período inferior a três anos, 235 passagens aéreas no valor total de R$ 252 mil. Só para o Rio, onde ele tem residência, a agência emitiu 118 bilhetes. Há 16 emissões para o exterior e apenas 12 para a Região Norte, onde vive a maioria dos índios.

(...) Gomes é acusado pelos índios de viajar para as tribos apenas em dias de festa e nunca demonstrar disposição de conversar sobre problemas. "A gente ia fazer festa para prender ele na aldeia", relata Waduwaba Suiá, do Xingu. "Não conseguimos, pois um parente morreu. Se convidar para reunião, ele não vai. Só vai se tiver festa." Gomes é protagonista de decisões polêmicas. Em janeiro, ele demitiu o sertanista Sydney Possuelo, o continuador do trabalho dos Villas Bôas.

(Leonencio Nossa, *O Estado de S.Paulo*, 27/7/2006)

Tem índio na Suíça?

"O antropólogo potiguar Mércio Pereira Gomes adora conhecer outras culturas. (...) Seu principal objeto de estudo, no entanto, não tem sido as tribos do Alto Xingu ou de outras reservas indígenas. O que Gomes vem examinando com afinco são os hábitos dos moradores de Genebra, na Suíça. (...)" O caso, revelado pelo jornal *O Estado de S.Paulo*, levou o procurador Lucas Furtado, do Tribunal de Contas da União, a pedir a abertura de investigação. (...) "A Funai terá de mostrar que todas as viagens foram feitas por razões profissionais. Já sabemos que a maioria delas ocorreu em fins de semana", diz o procurador. Depois que seus passeios foram revelados, Gomes decidiu se recolher.

(*Revista Veja*, 2/8/2006)

Livros e relatórios consultados

BONIFÁCIO, José. *Projetos para o Brasil*. São Paulo: Companhia das Letras, 2000.

COUTINHO, Edilberto. *Rondon, o civilizador da última fronteira*. Rio de Janeiro: MEC/Civilização Brasileira, 1975.

FRANCO, Afonso Arinos de Melo. *O índio brasileiro e a Revolução Francesa. As origens brasileiras da teoria da bondade natural*. Rio de Janeiro: José Olympio, 1976.

LANGER, Johnni. *A arqueologia imperial e as origens do mito da nação (1839-1889)*. Mimeo. Curitiba, 2002.

LERY, Jean de. *Journal de Bord de Jean de Lery em la Terre de Brésil*. Paris: Edition de Paris, 1957.

————. *História de uma viagem à terra do Brasil*. Rio de Janeiro: Companhia Editora Nacional, 1926.

LISBOA, Karen Macknow. *A Nova Atlântida de Spix e Martius: natureza e civilização pelo Brasil (1817-1820)*. São Paulo: Hucitec/Fapesp, 1997.

MAGALHÃES, Amilcar. *Expedição Scientifica Roosevelt-Rondon*: Relatório apresentado ao Sr. Coronel Cândido Mariano Rondon. Rio de Janeiro, 1916.

MARTINS, Edilson. *Nossos índios, nossos mortos*. Rio de Janeiro: Codecri, 1978.

MEIRA, Márcio. *Livro das canoas*. Documentos para a história indígena da Amazônia. São Paulo: NHII/USP, 1993.

MELATTI, Julio Cezar. *Mitologia Indígena*. Material para aulas de curso de extensão. Brasília: Universidade de Brasília, 2001.

NAVARRO, Eduardo. *Método moderno de Tupi Antigo: A língua do Brasil dos primeiros séculos*. Rio de Janeiro: Vozes, 1998.

RIBEIRO, Darcy. *Os índios e a civilização: a integração das populações indígenas no Brasil moderno*. Petrópolis: Vozes, 1982.

———. *O processo civilizatório; estudos de antropologia da civilização*. Petrópolis: Vozes, 1987.

———. *Diários índios. Os Urubu-Kaapor*. São Paulo: Companhia das Letras, 1996.

RICOEUR, P. et al. *As culturas e o tempo*. São Paulo: Vozes, 1975.

ROCHA, Everardo P. Guimarães. *O que é etnocentrismo*. São Paulo: Brasiliense, 1999. Coleção Primeiros Passos.

RODRIGUES, Aryon. *As línguas gerais sul-americanas*. Mimeo. Laboratório de Línguas Indígenas, Universidade de Brasília, sem citação de data.

ROOSEVELT, Theodore. *Through the Brazilian Wilderness*. Nova York: Charles Scribner's Sons, 1926.

VAINFAS, Ronaldo. *Trópicos dos Pecados. Moral, sexualidade e inquisição no Brasil*. Rio de Janeiro: Nova Fronteira, 1997.

VANZOLINI, P. E. *A contribuição zoológica dos primeiros naturalistas viajantes no Brasil*. Mimeo, sem citação de data.

VIVEIROS, Esther de. *Rondon conta sua vida*. Rio de Janeiro: Livraria São José, 1958.

WALLACE, Alfred Russel. *Viagens pelos rios Amazonas e Negro*. Belo Horizonte: Itatiaia, 1979.

Outras fontes

Arquivo da Coordenação de Índios Isolados da Funai

Arquivo do jornal *O Estado de S.Paulo*

Relatório de Demarcação do Território Indígena do Vale do Javari, Funai (1998)

Relatório da Mortandade de Peixes no Pará, Ibama (2002)

Relatório da Comissão Parlamentar de Inquérito da Câmara sobre Comércio Ilegal de Animais Silvestres (2003)

Agradecimentos

A Angela Velasco França, pelo apoio durante a revisão. A Beatriz Abreu e João Bosco Rabello, que me convidaram a cobrir a expedição pelo jornal *O Estado de S.Paulo* e pela Agência Estado. A aventura não seria possível sem a generosidade e a visão jornalística deles. A Liana John, pelas sugestões úteis na selva. A Neri Vitor Eich por lembrar sempre que palavra é como flecha: não volta. Ele sugeriu o título deste livro e melhorou o texto. O trabalho de revisão significou para mim uma segunda viagem, um período de aprendizagem.

Aos amigos Carlos Alberto Júnior, Eduardo Scolese, José Carlos Mattedi, Pedro Dias Leite, Sandro Lima e Tânia Monteiro.

Este livro foi composto na tipologia Minion,
em corpo 12,5/17, e impresso em
papel off-white 80g/m², no Sistema Cameron
da Divisão Gráfica da Distribuidora Record.